中野信子

Nobuko Nakano

毒　親

毒親育ちのあなたと毒親になりたくないあなたへ

ポプラ新書

170

はじめに

パンドラの箱を開けるような気持ちで、本書を書き始めました。

個人的なことをなるべく書かないようにしてはいますが、それでも、ちくちくと自分の心を刺してくる思い出したくないものが、予期せず記憶の中によみがえってくるのを制するのには骨が折れました。両親とは特筆すべき大きな確執があったわけでもなく、二人ともいたって平凡な人物であったにもかかわらず、それでも子として傷を受けているのですから、世の中の大多数の人は何らかの解決できない思いを親に対して抱えているものと考えるのが自然であるように思います。

子は生まれながらにして子ですが、親は生まれながらにして親ではありません。私たち人間は、子として生まれ、いつしか親となることを期待されるようになって、すこしずつ親になる準備をしていきます。

ところが、準備というのはたいてい、万全にはできないものです。

もし、親が生まれながらにして「育児のプロ」であるなら、大きな不都合は起こらないでしょう。実際、子を産み育てるのに必要な仕組みの重要な部分は、多くの哺乳類ではあらかじめ、あたかもインストールされているかのように備えつけられています。

もちろん熟練した母親とまだ経験の浅い母親の差くらいはあります。それでも、次世代にバトンを渡していくのに必要な子離れも、大きな攪乱《かくらん》要因がなければ、さほど深く考えることなく自然に行われていきます。そもそも、考えるということ自体、動物たちがしているのかどうかもわからないのです。

こうしてみると人間はかなり特殊な生きものです。育児に必要な情報はあらかじめ与えられておらず、学習しなければ身に付きません。他の生きものと違って、長い時間をかけて親になっていくという道筋を経るがゆえに、親としての準備は不十分になりがちです。

そこをフォローするのは長い間、周囲の個体（祖父母や、育児期間にないおじおば、地域共同体の人々など）の役割でした。同性愛の個体が多い環境のほうが、子どもが増えやすいという研究もあります。これは、子を産んだ者にとって、子を産まない人々によるサポートがより容易に得られるようになるからだと研究グループは述べています。

実際に子を持つかどうかは、めぐりあわせや、その人の意思や、環境条件によって変わってきます。が、子を持たない人でも、ある一定の年代に差し掛かれば〝親〟的な役割を社会から担わされます。職場や、プライベートな関係や、地域共同体などでも頼られ、甘えられることが増え、次世代に対する貢献を期待されていきます。

子を産む役割と、育てる役割をゆるやかに自然な形で分担できるなら、親にとっても、子にとってももっと厚みのある豊かな教育環境をつくることができるでしょう。個人的な話で恐縮ですが、私の場合は3歳くらいまでの幼い時期に、当時未婚であった叔母が、肉体的に疲労が激しく、時には感情がブレてしまうことを御しきれない、若かった母のサポートとして、教育係の役割を買って出てくれました。叔母は私の知育の部分をていねいに愛情深く担ってくれていたことを、数十年経った今でもよく覚えています。

しかし、現在の日本社会では地域共同体のあり方や、家族の形の変化、柔軟性に欠ける社会通念等により、そのリソースを利用することが困難な人が多くいます。親としては知識も経験も不完全なまま、フォローのない中で子どもを育てていかざるを得ない。そういう過酷な状況に追い込まれてしまう人が続出している、危機的な様相です。

たくさんの親御さんたちが、子育てをどうしていいか、わからなかったのです。

そして今も、たくさんの親御さんたちが、どうしていいか、わからないまま、必死で子どもを育てていることでしょう。自分のことですらままならないのに、子どものことにまで手が回りきらず、理想の親になれなくてつらいという人の話も、たくさんうかがいます。

子どもの頃に感じた、ただやさしくしてほしかった……、モノのように扱わないでほしかった……、ばかにしないでほしかった……、親のエゴのために自分を利用しないでほしかった……、そして、もっと愛してほしかった……、そんな気持ちが大人になってからも、普段は記憶にのぼることがなくても、ふとした瞬間に湧き上がってきてしまうことがあるだろうと思います。パートナーの他愛もない一言であったり、職場での些細な出来事であったりしても、それがきっかけとなって、傷ついた子どもの自分がしくしくと痛みをこらえて泣いているのを、自分の記憶の中に見つけてしまう。

親子関係に恵まれた幸運な人たちと、つらく悲しい思いに今も苦しんでいる人たちとは、何がどう違ったのでしょうか。そして、その苦しみは、解決できるものなのでしょうか。

どうしていいかわからない親と、ただ抱きしめてほしかった子どもとの間の、永遠に共感しあえない悲しい不条理が、このまま、人間の親子の歴史には繰り返されていくのでしょうか。

親子の情の複雑なもつれあいのなかに科学を持ち込むことを、長らく人間はよしとしませんでした。愛情を科学した初めての人物は、1950年代にサルのあかちゃんを布製の代理母で育てる実験を行った、ハリー・ハーロウです。当時は大きな批判があったといいますが、愛情を科学的に分析する試みの帰結として、人間関係の様々な側面を冷静に捉える視点を、我々人類は獲得することができたのです。

それから70年ほどが経ちました。

家族関係や人間同士のつながりが、ネットの登場やテクノロジーの発展により大きく形を変えようとしている今、ふたたび、科学によって人間関係を冷静に捉える試みを振り返る必要があるのではないでしょうか。

そして、この人間関係の基本にあるのが、まさに親子関係なのです。人間は、生後6カ月から1歳半までの間に、対人関係の基礎となる型を、親との関係の中で身に付けることがわかっています。しかし、この型は、大人になってから、意識すれば変えることができるのです。

本書が、読者の皆さんの心に受けた痛みを、より価値的な生き方をつかんでいく源泉へと転換していくきっかけとなればこんなにうれしいことはありません。

２０２０年春　中野信子

毒親　毒親育ちのあなたと毒親になりたくないあなたへ／目次

第2章　愛し方がわからない父　69

第3章　愛が毒に変わるとき――束縛する脳　101

第1章　子を妬む母

毒親

しばらく前から、「毒親」という言葉がよく聞かれるようになりました。1989年にアメリカのスーザン・フォワードが『毒になる親（原題：Toxic Parents）』というタイトルの著書を発表したことから、知られるようになった言葉です。子どもの人生を支配し、子どもの人生に悪影響を及ぼす親について、類型別に詳述されています。

昨今は、毒親について、ある種のブームのようなものさえ形成されている感があります。子の自立という問題は、人類どころか哺乳類全般にとっての普遍的なテーマであるので、これを「ブーム」と表現することには、やや違和感がなくはないのですが。

気づかれにくい虐待——心理的なネグレクトや、精神的な虐待、過度の干渉によって子を支配しようとするなど、まさに子どもの成長にとって「毒」となる振る舞いをする親のことを指して、このように命名されたのです。

社会通念的には敬愛すべき存在であるところの「親」に「毒」という強烈な

言葉を結び付けたこの用語は非常に強い印象を与え、にわかには受け入れにくい響きがあります。しかし、使われ始めてからかなりの年月が経っているにもかかわらず、毒親というテーマへの関心は薄れるどころか、むしろいよいよ強まって来ているように見受けられます。毒親を取り上げたドラマや映画も数多く作られるようになり、多くの人の支持を得ています。メインテーマではなかったとしても、作中に毒親要素が織り込まれていると、その部分が注目されてSNSで話題となったり、またその盛り上がりようが二次的に記事化されたりもしています。

私自身も、個人的な会話の中で「毒親」という単語や、それに関連する話題を試みに出してみると、「うちの親もそうだったんです」とかなりの割合で相手がこの語に食いついてくるような感があります（特に女性に多いように思います）。仕事や、本来するはずだった話そっちのけで、「毒親育ちだった過去の話を聞いてほしい」モードにギアが入ってしまうこともしばしばで、これほどに煩悶《はんもん》が深かったのかと驚かされることも稀ではありません。

第三者から見れば、親のことをよくもそんな風に言えたものだ、という批判をしたくなるものなのか、「いい歳をして甘えるな」「親に感謝ができないなんて、あなたの性格に問題がある」などという声が聞こえることもあります。やや高圧的に、事情を聞くこともなしに、一言二言、親への負の思いを口にしただけで、不快感を露わにし、感情的に反駁《はんばく》をしてくる人もいるでしょう。また「それは毒親とは言わないよ、よくある話じゃないの。普通だよ。私だって……」などと即座になだめられてしまうこともあるでしょう。

こうした人にとっては、旧式の社会通念が正義であり、それに従わないことそのものが社会基盤を揺るがす悪に見えてしまっているのかもしれません。その構造もよく理解できますし、彼らが言うことは彼らの世界の中では確かに一理あるものなのです。

が、実際に苦しんでいる人にとってはまったく的外れな雑音です。涼しい顔で放置しておいたらそのうち消えますよ、と言いたいところですが、それにはやや騒々しすぎるものかもしれません。しかし、雑音は雑音。もうすぐ死んでしまうから必死で鳴くセミの声ほどのもので、自分の人生とはそう関係がないものです。

とはいえ、なかなかそうも割り切ってしまえないのが人間というものでしょう。第三者のことは放っておけばいいのですが、どうしても「自分が悪いのかもしれない」という気になってしまうのは、第三者その人よりも、自分自身の中に、そのものズバリのうしろめたさがあるからなのかもしれません。どんなに毒だなんだといってはみても、親に愛されたかった、もっとわだかまりなく親に感謝したかった、無条件で愛されていると思いたかった……そういう気持ちが、誰しもどこかにあるのではないかと感じることは少なくありません。

苦しいのに、この呪縛から逃れられず、その苦しさを小出しにすることさえ難しい。そんな閉塞感がある中で、「毒親」を取り上げたドラマやコミックが支持され、次々と制作されて人気を博しているのは、ゆえなきことではなく、実に興味深い現象であるといえます。

明らかな虐待行為とは一線を画す言動であったり、一見、愛情深い親と従順な子との「仲良し親子」に見える関係であったりしても、子が自分の意思で行動することが一切許されず、親の意図したとおりに振る舞うことが半強制的に誘導されているのだとしたら……。

誰にも理解されないであろう息苦しさを、一生背負っていかなければならない理不尽に、どうやって耐えていったらいいのだろう。絶望的な気持ちになってしまうのではないかと思います。

こうして親に対して憎しみや恨みの感情を持つ自分自身に悩み、後ろめたさを感じていた人が、「毒親」という言葉を知って「自分だけではなかった」と、心の重荷が少しでも取れたとしたら、賛否両論ありはするけれど、苦しむ当人にとってはどんな薬よりも副作用の少ない、すぐれた効果を持った概念なのではないかと思います。

こんな人をよく見かけます。

いつも愛情が足りないような感じに苦しめられ、大切な誰かの愛を確かめようとして、極端な態度を取ってしまい、かえってその人の心が離れていってしまう人。

親の意思を自分の意思だと思い込んで、親の満足するような結婚をしなければと、無謀な婚活にトライし続けてしまう人。

親の意見と異なる主張を許してもらえず、相手から少しでも強く出られると言い返せずに、職場や自分の家庭でも言葉で殴られるがままになってしまう人。

親のために「優等生」でいなければならず、一番でなかったり、注目されていなかったりすると不安でたまらなくなってしまう人。

ちょっとでも否定されると、全人格を否定されたような恐怖感に襲われるので、周囲の人の歓心を金銭で買おうとしたり、暴力で他人の心を従えようとしたりしてしまう人……。

とりあげていけばきりがありませんが、むしろなんのわだかまりもない人のほうが少ないくらいなのかもしれません。

日々生きていくなかで感じる心の軋みや苦しみが、親子関係に端を発している可能性は高いでしょう。これをひもといていくことは、その根源的な生きづらさの解消につながるでしょう。それが一人の変革だけでなく、大きなうねりとなれば社会そのものの変革を促すでしょう。こうした期待があって、私は本書を刊行することにしました。

親の価値観から抜け出せない

親との問題は、本人にとっては身近すぎ、あまりに関係が深すぎて解決するのはとても難しいように思えるものです。

赤の他人との人間関係ですら、自分一人でどうにかなるものではありません。人間関係というのは相手があるものですから、一筋縄ではいかないことが多々あります。相手が親ともなればなおさらです。

人間の悩みの多くの部分は、人間関係によって占められるといってもいいかもしれません。ただ、距離を近くしておく何らかの必要があるのでなければ、その人を遠ざけて近寄らないようにすればいいことです。どちらかの寿命がいつか時間切れになるまで問題を回避し続けていれば、なんとかやり過ごすことは可能でしょう。しかし、親という特別な関係にある存在との関わりについては、そうもいかない事情があります。

まず、すっぱりと切ってしまうことが容易ではありません。物理的に会わない、遠くへ行ってしまうなど、直接の関係を断ち切ることができたとしても、自分の中でささやき続ける親のイメージが消えることはありません。親がこの世を去ってからもなお、自身の記憶の中に、親が生き続けてしまうのです。

何かをしようとすれば、かならず、親に言われた何事かがよみがえる、親から受けた行為を思い出してしまう、親の顔が目に浮かんでしまう……。人間はどうしても親（養育者）から受けた教育が基礎となって動いているわけですから、その都度、きっかけさえあればその人のことが思い出されるのは当然のことです。

そこにわだかまりがあると、これが見えない鎖となってその人の行動を縛ってしまう。息苦しさや、癒されない痛みがそこから発している場合も少なくないのです。

毒親のことを取り上げたドラマや漫画が多くの人の支持を得る背景には、こうした事情が一因としてあるのでしょう。

毒親、というのは、「自分に悪影響を与えつづけている親その人自身」というよりも、「自分の中にいるネガティブな親の存在」、といったほうが適切かもしれません。

どの家庭でも、非の打ちどころのない完璧な親が子どもを育てているわけではありません。非の打ちどころのない完璧な親がいるとしたら、むしろそのことこそが「毒」となってしまうケースすら、ことによってはあり得ます。子育てというのは正解があるようでない、誰も教えてくれるわけでもない難しいものです（だからこそ喜びも大きいのだと思いますが）。瑕疵《かし》のない家庭など存在せず、どんなに幸せそうに見える家庭でも、何かしらの課題はあるものでしょう。

先に紹介したスーザン・フォワードの書籍には、ぞっとするような指摘があります。

「近親相姦（的行為）のあるほとんどの家庭は、外部の人間からはノーマルな家庭のように思われている。（中略）事件が起こりやすい家には、人と心を通わせようとしない、とかく何でも隠したがる、依存心が強い、ストレスが高い、人間の尊厳を尊重しない、家族のメンバー同士がお互いに自分の正直な気持ちを語り合うことがない、大人が自分の情緒不安を鎮めるために子供を利用する傾向がある、などの特徴がある」

フォワードはアメリカ人であって、アメリカと日本は構造的に異なるものを抱えている社会ですし、無批判にそのままこの考え方を日本社会に適用するわけにはいかないかもしれません。が、外面だけを取り繕おうとするところに、弱者である子どもが犠牲になる構造が生じやすい、という現象として捉えれば、共通の弱点を抽出することができるかもしれません。

仲のいい親子、というのは、美しく、ほほえましく見えるものです。子との問題に大きく悩まされることもなく、子育てに成功している親、という声望をも得ることができるのですから、親側の満足は大きいでしょう。

本当に仲がいいのなら、誰にとっても幸せなことでしょう。しかし、重大な問題が潜んでいることもあります。子ども側が我慢しているというケースです。例えば、子どもの方が母親に幸せでいてもらいたいと、かなり無理をして自分の意思を曲げ、合わせているという事例。性的虐待が起こっている場合にも、母親を悲しませたくないという思い、あるいは、自分が母から父を奪うことになってしまっているという罪悪感から、これを黙っている例が少なくないといいます。

自分の意思よりも、母の意思を優先したい。大切な母には幸せでいてほしいと思うあまりに、自分自身の取り扱いが粗雑になってしまう。虐待とまではいえないけれど、自分を大切にすることを学ぶ機会を親が奪ってしまっているのだとしたら、これはまさに毒親というべき姿かもしれません。

子どもは主たる養育者であった人（現代の日本では多くの場合は母親が担っ

ているので、必ずしも母とは限らないのですが、便宜的に母と書くことにしましょう）の価値観が世界を支配している法則だと認識して育ちます。その世界しか知らないのだから当然なのですが、子どもにとっては母の言動こそが世界と関わるための方法のすべて、という時代を人格形成上重要な時期に何年か過ごすことになります。

この時代に、子どもは「内的作業モデル」を身に付けます。内的作業モデルというのは、他者との関係性の規範となる内的なひな形のことで、ごく若年の時期に形成されると考えられています。これは、他者を理解しようとしたり、自分が何を話そうか、どう行動しようか決めようとするときに、無意識的に使われるテンプレートのようなもので、乳幼児期に経験した母子での愛着関係の中でつくられます。具体的にどのように獲得されるのか、まだ研究の途上であって詳細は明らかではないのですが、人間が人間の中で生きていくためには極めて重要なものであって、このモデルは一度決まったら、自分で変えようとしない限りはほとんど一生、そのままで過ごすことになります。

母があまりにも極端に一般常識から逸脱した価値観を持った人物であったとしたら、子どもにとってはそれが世界のすべてですから、やはり極端な内的作業モデルを持つことになります。自分があたりまえだと思っていた価値観と世間一般の価値観はもしかしたら違うかもしれない、とやがて子どもが気づくのは、自分のことを客観的に見るための機能を持った前頭前野が発達を始める思春期です。この時代に自分の価値観と他とを比較して、母から受けついだ自分の価値観は、世間一般とはこれくらいずれていそうだ、ということを見積り、母と異なる主張をし始めたりするのです。母親の中には「どうしてそんなふうになっちゃったの？」「もっと小さい頃はかわいかったのに」と漏らす人もいます。一体のように感じられていた母子の世界が分離するのは正常なことなのですが、これに耐えられない母も多くいます。このとき、子がうまく自分の感じた違和感を言語化して説得力のある主張をできなかったり、母を納得させることに失敗したりすると、子は暴力という手段に訴える場合があります。いわゆる反抗期と呼ばれる現象です。

ただ、母の価値観が世間とずれているということを認識するには母の圧が強すぎる場合も結構な割合で存在します。特に子どもの数が減り、同世代の人々とも異なる主張を健全な形でぶつけ合うことがしにくい今、母の価値観を重視して生きることが最も安全であると子が判断すれば、母に合わせ、社会とのずれがあるまま生きるという選択をすることになるでしょう。

インターネットというのも面白いもので、これは社会そのものの縮図であるように一見みえるのですが、実は自問自答型のメディアなのです。サーチエンジン・オプティマイゼーションなどの仕組みがあり、自動的にキュレーションされた、自分にとって都合のいい情報しか入ってこない構造になっています。あえて自分が読まないようなものをわざわざ探そうとでもしない限り、自分がよく読んでいる記事と似た記事、関連する記事しか、みなさんは目にすることができないはずです。ＳＮＳですら、自分の興味のある人、好きな人としかつながらない。私たちはすでに、過多な情報の中にあって、わざわざ興味のない記事を読み、関心のない人とつながっていられるほど、情報消化の時間を取ることができない時間的制約の檻の中にいます。とすれば、もはやこれは世界そのものということはできません。むしろ、単に自問自答を助けるためのメディアというほうがふさわしい。社会全体の価値観を学べるかというと、逆に確証バイアスを強める装置にむしろなってしまいかねないものなのです。

母子の問題に戻りましょう。母が与えてくれる情報の中でしか社会を見ない、という年月を長く過ごした場合に子がどのように育っていくか。社会との感覚のズレを真摯にうけとめる機会もなく、ずっと母とほぼ同一の価値観のまま「お母さんと仲がいいんですね」「いい子ですね」と周囲からは褒められて生きていくことになります。特に日本では、「主張をしないおとなしい子」=「いい子」ですから、なおさらその傾向は強いかもしれません。

母の理想通りに生きていれば、うまくいく。それこそ結婚相手も自分で選ぶより、母の望む結婚相手を、無意識に探そうとします。もちろん、本人が何の矛盾も感じず、幸せであれば何も言うことはありません。が、母の意思を優先し、ずっと自分の意思を抑圧してしまう、その息苦しさに人知れず悩まされている人が多くいることもまた現実です。

注目される母子関係

毒親とひとくくりにされますが、母親と娘の問題は特に大きな注目を浴びるようです。冒頭で少し紹介しましたが関連本もこれまでにたくさん出版されています。

スーザン・フォワードの『毒になる親』では、毒親をタイプ別に分類し、それらの解説に主眼が置かれて書かれています。日本の書籍では、『白雪姫コンプレックス――白雪姫の母の物語でもあれば、コロシヤ・マザーとコロサレヤ・チャイルドの物語でもあるもの』（1985、佐藤紀子）、『母が重くてたまらない――墓守娘の嘆き』（2008、信田さよ子）、『母という病』（2012、岡田尊司）など、40年近く前から近年に至るまで、母子関係の問題に着目した書籍が出版され、その都度、当事者意識のある人々の間で話題となってきました。

家族関係を、「病」であるとして、著者なりの視点で綴った下重暁子さんの書籍も話題になりました。これまで聖域のように扱わなければならなかった家族の問題に切り込み、おかしいと喝破する論調に胸のすく思いをした人も少なからずいるでしょう。

父子のトラブルよりも母娘のトラブルを毒親としてよく耳にするような感があるのはなぜなのでしょうか。統計的に調べればある程度は整理のつけられる問題ではありますが、ひょっとしたら息子は娘よりも親を毒であったとは言いにくいのかもしれません。あるいは、毒だとは認知していないのかもしれません。いずれにしても、ごくプライベートな問題であるゆえにアンケートを取って評価するというやり方がしにくく、研究もこれから、というところがある領野ではあります。

女性であれば、現代ではまだ、ある程度の年齢になると家族、親族から結婚をどうするのかという話が出てくるでしょう。その際、多くの場合は、母から自分の結婚相手についての注文が付けられます。もちろん善意で口を出すことがほとんどでしょうが、気になるケースもあります。直接コントロールしようとあれこれ言うタイプの母と、間接的に子がそういう男を選ばないように誘導するというタイプと、２通りがあるようです。

間接的に言うタイプの人の言辞はこのようです。あの人はこういう男と結婚してこんな風になっちゃったわね、やっぱり女は男を選ばないとだめね、お父さんみたいな人と結婚できるといいけれどあなたは○○だから難しそうね、等。

子どもを「不幸にしたい」などとはもちろん、明示的に言うことは憚られるでしょう。けれど「お母さんを置いて、あなた一人だけ幸せになろうっていうの……?」という母親もいます「自分が失敗したから子どもには失敗させたくない」なのか、「自分が失敗したから子どもには成功してほしくない」なのか、「自分の結婚はうまくいったけれど、自分以上に子が幸せになるのは許せない」なのか……。母親たちが決して口にしない、気持ちの中に持っている暗さや重さを感じるとき、私も苦しい気持ちになります。いずれにしても、親本人が、自身では制御できないところに、「無条件で子の幸せを願う」という気持ちとは異質の軋《きし》みを抱えていることがあるようです。

これは、次節の「白雪姫コンプレックス」の説明とも重複するのですが、子が自分以上に評価されることに釈然としないものを感じ、憎悪する母もいます。そういう思いを母からぶつけられたことのない人には、驚くべきことのように感じられるかもしれませんが、実際に少なくないのです。

娘が目立っているとそれ以上に目立とうとして、年齢に合わないセクシーな服を着る母、娘がブラジャーを買ってと言うだけで「いやらしい」とけんもほろろに吐き捨てる母、髪を伸ばすことさえ許さない母、娘のファッションをいちいちチェックして、自分のほうが女として上だとマウントを取りにいく母、娘の生活ぶりを細かに観察し、女としてダメ出しをしてくる母……。

子どもが無邪気に幸せに過ごしているとどうにも腹が立ってしょうがない、という親も存在するのです。これが昂じれば虐待という形に発展します。子が調子に乗っているのが許せない、だから「しつけ」として罰を与えるのだ、という親側の言い分は、テレビでもネットでも虐待事件があるごとに周期的に流れますから、どなたもしばしば耳にしたことがあると思います。これは、保身のための詭弁《きべん》などではなく、彼らの本心でしょう。

虐待する親は、子を調子に乗らせてはいけない、という感情を、ごく自然な愛情として自認しているのです。毒になる親も同じことで、自分の態度は愛情であると信じて疑わないものでしょう。子にとってはその言葉や行為が、紛れもない虐待や毒であったとしても。

愛情と攻撃を司る機構は意外にも脳の中では近接しています。また、この感情は、家族間のほうが他人よりも強く、互いの類似性が高いほど、高まってしまうものです（あえて本節で親と表記している箇所は、この感情が母よりも父で強く感じられる可能性があるためです）。

妬む母――白雪姫コンプレックス

「白雪姫コンプレックス」というのは、「毒親」というタームよりも早くに精神科医である佐藤紀子医師が提唱している用語です。その意味するところは娘側から見た視点と母側から見た視点が混在して世間に流布《るふ》してしまったため、用法にやや整理がついていない印象がありますが、本書では、母親が娘に対して持つ憎悪を意味する概念として扱っていきます。

グリム童話『白雪姫』は、継母が娘を殺そうとする物語として広く知られています。しかし、実はグリム童話初版本では継母ではなく、実母が娘を殺そうとする物語であった、というのは、今では有名な話でしょう（二版以降では、実母とするのはよくないという配慮が働いたのか、継母に変更されています）。この物語では、第三者（鏡）に娘と容姿を比較された母親が、娘の美しさを妬んで娘をあの手この手で殺そうとします。

ごく個人的に聞いた話ですが、私にもこんな友人がいます。この友人の母は、母親である自分よりも、子である友人が優れていることが許せなかったようでした。もちろん友人からしか話を聞いてはいませんし、彼女のお母様にはまたお母様の言い分というものがあるでしょう。しかし、友人はそれも理解したうえでなお、自身が受けた仕打ちを忘れられないと言います。

学校のテストで百点を取ってその答案を見せても一切褒められることはなく「そんなテストを自慢げに見せつけるなんて、私をバカにしているの」と吐き捨てるように言う。子どもが自分よりも優秀なことが許せない、また、無邪気に幸せを享受しているのが許せない、子どもと張り合ってしまう……。母親に愛されたい盛りの子ども時代に、この仕打ちはかなりショックだったことでしょう。そういうタイプの母親の話を、彼女以外からもしばしば聞くことがあります。

もっと自分が心情的に優しい子であったら、などと述懐するように彼女は時折つぶやくことがあります。客観的にみればそのこと自体が「優しい子」である証左のようにも思えます。彼女は自身のそうした性格――母親の行動を理性的に受け止める性質――が、良かったことなのか、悪かったことなのか、わからないといいます。冷静に受け止めてしまうそのこと自体が「生意気で可愛げがない」と母親に不安感を与えてしまったのではないかと思っているのです。

彼女には妹がいたそうですが、妹は正反対の性格で、母親からはかわいがられていたそうです。妹だったら母と一緒に苦しんであげられたのではないかと彼女は分析しています。

彼女はその後、東京大学に進学しました。年齢の割に冷めた子どもだったと自身で言うだけあって「母はこういう人なんだ」と自分を納得させていたようです。一種独特な雰囲気があり、ドライだと評する人もいますが、一方で、過剰に他人に気を遣うようなところもあります。母のことはそれほど自分の性格に影響を及ぼしてはいない、と言ってはいるけれど、どこか他者に対して一歩引くようなところや、信頼できる人を求めているのかな、と思えるような寂しげなところが見え隠れするような感じもあります。

母親と彼女の間の大きな問題は、やはり結婚相手を探すときに顕在化しました。彼女がどんな相手を連れて行っても否定されてしまう。最初はなぜ反対されるのかよくわからず、付き合う相手をそのたびに親に紹介していたそうですが、30歳を過ぎたあたりでこれはおかしい、と思い、「これは母がもう1回自分の人生をやり直したいのかもしれない」と思うようになったそうです。

ご両親は彼女が物心ついたころからめったに口もきかないほど不仲で、父親は母親を殴る人だったといいます。彼女が中学生の時にご両親は離婚していて、たしかに幸せな結婚だとは言えなかったようですが、その失敗を娘に「繰り返させたくないのか、それとも自分よりも娘に幸せになってほしくない」のか、彼女にはよく分からず、悩んだようでした。いえ、本当は分かっていて、言葉にしたくないだけなのかもしれません。

彼氏があまり途切れたことのない人ですが、40代になる今でも結婚していません。未婚の人が増えているといわれていますが、母の意思を優先するあまり結婚できないという人は意外と多いのではないかと思います。彼女は、どこの馬の骨とも分からない男性よりも、本当は母親に愛されたいのかもしれません。

子と競う母

また同じ大学の友人の話を例として紹介します。彼女は私とよく似ていて、幼いころから「あなたはちょっと変だ」と、まわりから言われて育ったそうです。小学校に上がる前に自分は異質だと自覚していて、集団生活の中に入っても、うまく振る舞うことができない。

よく話を聞いてみると、彼女の母も普通ではないのです。子どもに対する愛情がないわけではないのですが、自分がスターであるということを周りに認めさせたいタイプで、一般的な母親像とはややかけ離れた人のようでした。感情の振れ幅が極端で、何よりも子どもと競い合おうとする気持ちが強く、自分の娘であるはずの彼女の能力が誰かにほめられたり、高く評価されて何かを受賞したりということを非常に嫌ったといいます。

例えば「お嬢さんはとても優秀ですね」とほめられても「そんなことはない。自分のほうが優秀だ」と、自慢話が始まってしまうなど、自分の娘がほめられても、喜ぶことがなかったというのです。それでは実際には母の学歴や経歴がどのようであったかというと、特筆すべきようなことが取り立ててあるわけではない（そもそも大学に行っていない）のです。ただ、むしろそれがかえってコンプレックスとなってしまい、自分は優秀な女性であると派手にアピールしなくてはならなかったのかもしれない、という見立てもできます。

ただ彼女は、あまりの理不尽さに、母のパーソナリティが正常ではないのではないかと疑い、その育ってきた環境に目を向けようと思ったそうです。調べてみると、やはり理想的な祖母―母間の関係はないことがわかり、いろいろなことが腹に落ちたといいます。実際、祖母のほうがもっときついくらいで、虐待といってもいいくらいの仕打ちを娘である彼女の母親に対してしていたのです。この祖母は非常に攻撃的なタイプの女性ではあったのですが、自分でビジネスを立ち上げており、家庭よりも仕事に目が向く人であったので、24時間べったり子どもと向き合っていたわけではなく、その点は救いがあったようです。

とはいえ、かなり癖のある性格ではあり、表面を取り繕うタイプというのか、見栄っ張りといえばいいのか、着るものや外に見えるもの……家柄、収入、肩書きなど、こういったものを非常に重視する性質で、その娘であった母親が、100人いれば100人が「駄目男」と言うであろう父親を選んだのは、こういう祖母の価値観に対する無意識的な抵抗だったのかもしれません。男性は、肩書きや収入ではない！　と反抗してみせたかったのでしょうか。

この祖母の苛烈さを思えば、母はそれでもまともなのかもしれない。けれど、感情をコントロールできなくなった母からの仕打ちを受けると、どうしてこういうことが繰り返されるんだろう……という気持ちが止められなくなり、その絶望感に苦しめられてしまった、と彼女は言います。

どうすればこのひずみを正せるのかという気持ちが、彼女が学問を志したきっかけでした。人はもともと家族なのではなく、自立した一個人であることが前提で、そのうえでそれぞれいろいろな複雑な思いを抱えて生きている。そして、その一個人ですら完成されているわけではない。家庭内の問題も、母娘間の問題に限らず母―息子、父―娘、父―息子、いろいろな関係のなかでのひずみがあり、理想的な関係というのは極めてまれにしか存在しないのかもしれないと、ようやくあきらめがついたのはつい最近のことだといいます。

彼女は摂食障害で長く苦しんでいます。過食嘔吐を繰り返し、学部時代は休学して、1年遅れて卒業しました。結婚もしましたが、長女を出産してからすぐに離婚し、元夫との関係は決して良好とは言えないようです。これが母娘の問題と関係あるのかどうか、もちろん確たることは言えないのですが、身近な他者を信頼できない感覚と家族問題とは、無関係ではないように思います。

コントロールする母

毒になってしまう親のもう一つのパターンとして、「子どもになんでもやってあげる親」がいます。いわゆる過保護です。「子どもはこれをよく知らないから」「子どもにはうまくできないだろうから」「心配だから」と、先回りしてやってしまう。どこへ行くにも送り迎えをしたり、子どもに何かが不足していると思うと、子どもが欲しいと言う前に買ってきてすべて揃えてしまったり。一見、やさしくて情の深い親のように見えるのですが、これが曲者です。

母親の愛が濃すぎるが故に、娘に逸脱した行動をとってほしくなくて、あれこれと注文をつけたり、こうしてはいけません、ああしてはいけませんと口うるさくコントロールしてしまう。逸脱した行動をとらせないように先回りして手助けし、これが子にとってはとても息苦しくなってしまうというケースがあります。母親に対して言い返せずにいた娘がある日突然暴力的な行動に出てしまったり、言い返せないまま身体症状に出てしまったりする人もいるのではないでしょうか。

大学の後輩が話してくれた経験が興味深いので紹介します。

——

自分は中学時代、祖父母の家で暮らしていましたが、祖母がわりとそういうタイプでした。なんでも先回りしてやってしまい「常に先のことを考えているからね、私は」と、自分のほうがうまくできるということを自慢げに口にする人でした。

いうほど先回りできているわけでもないし、すべての想定内の出来事に対して常に準備をしておくことはコスパが悪く、新しいことがやりにくいのですが、スルーする以外にありませんでした。反論しても理解されないから意味がないし面倒くさい。

でも、この自慢と一緒に「あんたは気がきかない」「家事に向いていない」とさんざん言われました。ただ、それさえうまくかわしていれば、それ以上いじめられるわけでも攻撃されるわけでもない。だからとりあえず「感謝しています」と応えていました。

この祖母は、私が東大に合格したときはたいそう喜んで近所中に言いふらしていました。母はそういうことを外に言うことをよしとしない人。自慢するのはみっともないという考えでしたので、正反対の反応でした。この嫁—姑の対立も子の立場からすると実に面倒で疲れました。

ところでこうした祖母と母の反応は表裏《おもてうら》じゃないでしょうか。私のアチーブメントに対するわだかまり、意識の大きさという意味では一緒だと思います。

祖母も母ももっとフラットに接してくれたらいいのにと思っていました。

もちろん、自分が能力が高いからとか、人並み以上に頑張ったから難関校に入学できたのだ、ただそれだけのことで、祖父母も父母も関係ない、などとおこがましいことは考えていません。祖父母にも両親にも感謝の気持ちというのは持っています。でも、私と両親、祖父母は別人格。私の合格をたいそうなことのように自慢されたり、本当は見せびらかしたいのに必要以上に謙遜されたりすると、どちらにしても過剰な反応に思えてしまって、私はどうしたらいいのかわからなくなり、気まずい思いをします。

――

彼女の場合は、心までコントロールされずに冷静に応じられるだけの余裕があったのがよかったのですが、ことによっては、自立することを妨げられ、自分の判断を否定されつづけて、見捨てられ不安を常に感じつづけることになってしまったかもしれません。

愛情が深すぎる

私はときどきラジオ番組に出演させていただくことがあります。そのときに『脳科学で答える人生相談』というコーナーがあって、リスナーの方が送ってくださったメールの相談に答えます。

中には「モテるにはどうすればいいですか」というような、ほほえましい質問もあるのですが、一つ、印象に残っている質問があります。

相談者は子育て中のお母さん。子どもが何人かいて、その中で一人の男の子だけ、かわいがれないというのです。かわいがりたい気持ちはすごくあるのだけど、どうしてもつらく当たってしまう。これは虐待なのでしょうか。どうすればいいのでしょうか、という質問でした。

私は「人間には、近すぎるあまりに思いどおりにならないと、つい攻撃をしたくなるというしくみがあります」という話を、ラジオのコーナーの短い時間でどうにかこうにか説明をしました。ある時その番組中に「なるほど、そういうことだったのですね」と、その相談者の方からお返事のメールを頂くことができました。

愛情が深すぎてそうなったのですね、という趣旨の解説になったのですが、すごく腹に落ちたようでした。お便りを下さった方はその男の子に対して愛情が足りないのではなく、愛情が深すぎるということではないか、と分析をしました。なので、一つの解決法として、祖父母なり夫なり、いろいろな人を入れて薄めてあげるとちょうどいい。すこし遠くから、他人様の子だと思って接するとラクになるかもしれません、と。

子育て中の母親の中には、子どもの中に自分と似た面が認識されると嫌悪感が湧くと言う方もいます。自分と似た人と、ある一定の距離があれば、逆に親近感が湧くのに、距離の近い人だと苛ついたり、腹が立ったり、ネガティブな感情が湧いてくる。Familiarity（よく知っていること、類似性）という用語がありますが、この尺度が高いときに、却って非常にネガティブな感情が生まれることがあるのです。類似性が高いのが娘の場合だと「自分と似ているくせに、一人だけ幸せになるなんて許せない」という憎悪の感情が湧いてくることもあります。

類似性と、もう一つの重要なファクターがあります。その要素は、獲得可能性です。「私だってあれぐらいの男と結婚できたわ」「私だって時代が違えばあの学校に行けたのに」「あんたは今の時代に生まれてよかったわね」と、娘に対しての感情が生まれます。性別が違うとこの感情は少し薄れるので、母ならば息子よりも娘に、父ならば娘よりも息子に対して抱きがちな感情です。

両親が精一杯、全身全霊で愛情を注いでいるつもりでも、子どもの「安心していたい」という心を無視してしまうことがあります。わかりやすく手をあげたりするのでなくても、子どもが親に受け入れてもらえない悲しみに打ちひしがれてしまうこともあります。子どもの心と自分の心の両者に、親である人はゆっくり、ちゃんと向き合って、接していけるだけの余裕が本当は必要です。親だってもちろん疲れています、子どもをなんとか育てていこうと必死でない人は少ないはずです。でも、なぜか望ましい結果に結びつかないという場面が少なくないのです。子どもだって、親の気持ちが全部わからないわけではないでしょう。だから大人になって、冷静に客観的に見られるようになっても苦しいのです。

大人同士でもそうで、一方通行の愛、欲望を人に投げ続けるとよくない結果になることが多いのです。投げることが悪いのではなく、長年、一方的に投げ続けることがどうも好ましくない結果を招く。

愛情は、どうしたら、正しく伝わるのでしょうか。一方通行の思いを相手にぶつけ続けて、倒れるまで訴えれば良いのでしょうか。でも、そんなことをしたら子どもは逃げたくなってしまう、向き合いたいはずなのに親とキャッチボールすらできない。

もう一度言いますが、両親が子どもを愛していて、必死に育てようとしていることくらい、子は痛いほどわかっています。というか、子はそうであってほしいと願う生きものです。ただ、子どもは親の言うことも聞かないものですし、なまいきだし、できないことも多くて、親を困らせるでしょう。けれど、親の気持ちは感じとっています。

もちろん、もし子どもをひどく傷つけてしまったとしたなら、その行為、やったこと自体は変わらない。子どもの側からしたら、それらをなかったことにするというわけにはいきません。できるとすれば、あった事実に対する解釈を変えることくらいでしょう。

子側が為し得る解釈としては「そのとき親も大変な状況にあったのだろう」「周囲と人間関係がうまくいっていなかったのかもしれない」「あのときは病気だったのだ」「人格的にそもそも問題を抱えていた、かわいそうな人だったかもしれない」などでしょう。また、「自分がいけない子（だめな子）だから、こんなことをされてしまうのかもしれない」とも思うでしょう。

けれど、もしも本当に親がかわいそうな人だったからといって、ほかの人（この場合は子）に危害を加えていいということにはなりません。それを分けて考えられるような大人になるまでに、人間はかなりの年数を要します。なかには考えられるようにならない人もいます。愛情が愛情として伝わらず、形を変えて相手を傷つけることがある。

この問題を解消するにはどうすればいいのだろうと、私はかなり長い間、考えました。

これについては、第3、4章で詳しく論じていきます。

母親が全員育児のプロなわけではない

人間はどうしてこんなに矛盾と不条理だらけなのでしょうか。進化していけばこれは変わっていくのでしょうか。しかし、人間がいわゆる「完成された存在」のようなものに向かって進化しているのかというと、今現在はとてもそんなことを議論できるようなデータがありません。

ただ一ついえることは、様々な環境の変動に対応できるように、わざわざ不完全さを残したしくみとして生きているのが人間なのかもしれません。

ここからはややスペキュラティブな話になるので、項目を読みとばしてもらってもいいのですが、様々な環境をコントロールできるすべを人間が手に入れたら、このように不完全な形じゃなくてもよくなるでしょう。私たちは衣服や建物、建造物とかエアコンディショニングなどの発達により、たとえば旧石器時代に比べたら住環境は格段の差があります。それでも人間はまだ気候はコントロールできない。災害に対してはかなり免震構造などで工夫はしているのだけれども、地震など天変地異などはコントロールすることができません。そういった面からも、不完全さをなくすにはもう少し時間はかかるのだろうと考えられます。

人間は、次世代のことを度外視するなら個人で生き延びるということを優先してやっていればいい。でも生物種として存続することを考えると、次世代に子孫を残すことが優先になってきます。ここで人生におけるプライオリティーの在り方にバリエーションが出てくるのです。パートナーを得ることでプライオリティーの在り方が変わるなら、生き方そのものがそこでリセットされて、一からまた練習し、実践していかないといけない状態になるということです。

女性は、初産の場合、母親としての経験がゼロの状態からスタートしないといけません。女であった人生での戦略から、母である人生の戦略へと、シフトチェンジしないとならなくなります。幼い頃に弟や妹の面倒を見たり、身近な誰かの育児を手伝ったり、ベビーシッターの経験があったり、情報を見たり、聞いたりして得る部分というのはもちろんあるのだけれども、自分で育てるというのは、誰もが初めての経験です。

合理的な社会システムをもし組むことができるとしたら、母親のプロフェッショナルみたいな人がいて、その人に養育を任せるのが一番合理的です。これは歴史的によくできていた時代もあります(階層によりますが)。一握りの人たちではあったけれども、乳母《めのと》という人たちが、養育者のプロフェッショナルとして、養い君《やしなぎみ》を、養育、教育してきたのです。血筋もはっきりしていて、健康状態も良く、教養もあるという、母親として、養育者として選抜された女性たちがそれです。

遺伝子と子宮は産みの母親、養育者としては乳母が、という形のほうが合理的なんじゃないかと私は思いますけれども、今は家族の形がどうしてもシングルユニットなので、母親が体の復調を待たぬ間にワンオペで育児せざるを得ないのでかなりの負担がかかります。養育者としてもプロでなければならない。

経験もないのにいきなりプロであることを求められる。とくに日本ではそうかもしれません。プロでもないのにミスをする、あるいは〝理想的な姿でない〟だけでひどく糾弾される。そのような殺伐とした状況の中、母親になることはかなりしんどい状況ではないでしょうか。

母親がプレッシャーとストレスを抱えた環境で育つ子どもたちも、相当とばっちりを食らっているであろうことは容易に想像できます。子ども側から見ると「毒親」という表現になってしまいますが、いきなり子育てのプロにさせられてしまうという親側の逼迫した精神状態も影響しているのではないでしょうか。自分だって不完全な育ち方をしているのに、いきなり完璧なプロとしてやっていくことを求められてもまず無理ですし、プレッシャーばかり大きくて心がつぶれそうになってしまうのではないでしょうか。

社会のサポートもなかなか得にくく、父親は食いぶちを稼いでくるのに精いっぱい。そうなってくると八方塞がりになります。セーフティーネットがしっかりしている社会と、そうでない社会ではどれぐらい毒親になる人の割合に差が出てくるのか。社会学者の方たちの調査が行われているのなら、ぜひ知りたいと思っています。アメリカでは中絶禁止の解除の、20年後から犯罪率が低下したことがいわれて話題になりました。母親の追いつめられた精神が社会全体に与える影響は小さくないのです。

社会全体で母親をフォローするシステムがあればとも思いますが、まずは糾弾することにもっと慎重である社会であってほしい。ほんの少しのことを大げさに取り上げて、よってたかって責めたてるという仕組みさえ抑えられれば、母親の側ももっと余裕をもって育てられると思うのです。

私は結婚してから「ご飯は作っているの?」と聞かれることがふえました。極めて不愉快でしたので「それは私が男でも聞きますか?」と逆に問いかけました。

最近は日本でもだいぶ意識が変わってきたとは思いますが、それでも、育児中の母親という存在がマイノリティーであり続けるかぎり、周りは言い続けるでしょう。言い返さなければ一方的に言われるばかりになります。セーフティーネットに代わり得るものとして、社会全体であまり母親のことを責めないという意識を持つ。でも実現は難しいでしょう。

それに、母親を責めるなということを声高に訴えると、かえって責める人が出てきます。母親を責めない社会になったらなったで、母親を特権階級みたいに思う女性が出てくる。そうするとまた「ほれ、見たことか」と言って、責め続ける人が出てくる。結局は堂々巡りになってしまうのかもしれませんが、それでもやはり母親を過度に糾弾しない社会であってほしいとは願います。

あとは、母親のサポートシステムを、ビッグデータと機械学習によるＡＩによって組んでしまうということも考えられるかもしれません。

専業主婦が多く、子どもも多かった時代の日本は、近所の人たちが手を貸し合って、地域で育てましょうという社会がありました。現代の若い母親たちは育児の相談を自分の母親や近所の人にするのではなく、ネットに頼る傾向があります。家事の中心的なものである料理も、ひょっとしたら親から学ぶよりクックパッドのようなデータの蓄積されたサイトから学ぶことのほうが気軽で、頻度も高くなってきているかもしれません。子育てに関する情報も、かなりの割合をネットに頼る時代になってきています。心理的サポートもして、生活の知恵のサポートもして、外にパートに出る代わりにヤフオクやメルカリなどで不用品を売ったり、まさにセーフティーネットがインターネットになっているのかもしれません。もちろん、すべてがネット頼りというわけにはいきませんが、生活の何割かは確実に頼っている状況でしょう。

じきに育児や家事をやってくれるロボットもできるでしょう。そうなったらなったで、親を含む上の世代の人から「ロボットを使うなんてよろしくない」と眉をひそめられるかもしれませんが。いつの時代も、上の世代の人は進化する社会に対して「すぐに新しいものに飛びつくな」「昔ながらのやり方が正しい」と言うものです。

しかし、よく考えてみれば、新しい情報入手の手段や技術を使うことのいったい何がよくないのだろうと思いませんか。それはあくまでも前の世代の感覚。たしかに一世代前の人の生活感覚とは違うかもしれないけれども、これからの生活に適応した形になっていればそれでいい。むしろ、頑なな人のほうが置き去りにされてしまう時代です。

いつの時代も世代間のせめぎ合いがあって、親側としては子どもを旧社会に適応できるように育てようとします。しかしながら、社会はどんどん進化する。そのスピードに親が適応できず、子どものほうが先に行ってしまう。ゆっくり社会が変わる場合には子どもも親の言うことを聞く、で問題は起こらないのですが、さすがに現代はそういうわけにはいかないでしょう。前世代の言うことをよく聞く素直な人ほど、時代に追いつかなくなり、置いていかれてしまう時代です。

ここ100年ぐらい……19世紀末ぐらいからそうした傾向が出始めてきたのではないかと思います。産業革命があり、IT革命があって、個人の生活スタイルも人生設計も激変しました。

旧世代の人はどんどんついてこられなくなる。ネットのこと、アプリのことなどは親よりも小学生の子どものほうがよく知っているなどという状況です。養育者がすべてを教えることはもはや不可能な時代です。いずれ子どもの養育を一手に担う「子育てＡＩ」も登場するでしょう。むしろ、ＡＩに育てられるほうが良好な経過をたどる人も出てくるだろうと思います。

「産む親」と「育てるスペシャリスト」

子育て論に限ったことではありませんが、時代によって正しいとされる説は変わります。心理学でも実はしばしば正反対のことが言われます。私たちが子どもだった頃より前の時代では、アメリカでは、子どもはなるべく引き離して育てるべきだという考えが主流でした。日本はどうだったのかは正確にはわかりませんが、抱き癖がつくからあまり抱っこはしないようにという説もあったので、今ほどスキンシップの重要性は説かれていなかったと考えられます。

また、子どもの依存心を助長するので、子どもは早めに独立させるべきで、マザリーズもあまり使うべきではないという考え方もあります。マザリーズというのは、「○○ちゃん、かわいいでちゅね」などのいわゆる幼児語で、これまでは、子どもに対して幼児語で語りかけるべきではない、という主張が新しかったのです。

家族の愛や母子の情は、いわば迷妄であって、科学的には子は淡々と冷たく扱うべきとされた時代でした。

現代ではそういう考え方は、むしろ古いと考えられています。温かな感情とか人と人の結び付きも、きちんと科学の範疇内で分析しましょうというのが今の考え方です。これについてはもう少し詳しく第4章でも触れていきます。

ともあれ、あまりに母の担う役割が大きすぎて、疲弊してしまっている人が多いと感じます。そろそろ、もっと新しいテクノロジーやシステムを大いに活用して、産む母と育てるスペシャリストの分業を戦略的に進め、親の心理的余裕を確保する社会インフラとしていくべきではないかと思います。

母と娘は友達じゃない

「友達親子」という言葉があります。わざわざ「友達」とつけるのは、そもそも母と娘は友達ではないからでしょう。

母親が友達のふりをして娘をコントロールしていることもあります。

毒親の問題がこれほど話題になり、フィクションの話であっても支持を得るということは、多くの人がこれに悩まされているからでしょう。中には、母親と電話するだけで動悸がする、実家に行くと必ず体調が悪くなる、という話を聞くこともあります。母にどことなく似ているママ友や、目上の女性が苦手だという人もいます。

漫画を原作としている、TBS系で映像化されたドラマ『凪《なぎ》のお暇《いとま》』にも毒親要素が登場します。このドラマは、毎週のようにSNSでトレンド入りするほどの人気ぶりで、視聴率はさほどでもなかったものの、コアな層の心をがっちりとつかんだ作品でした。

黒木華演じる主人公の28歳OL・大島凪が、「空気を読む」ことに疲れ果て、何もかも捨てて新しい人生を出発させるというストーリーなのですが、この物語の中に登場する凪の母の毒親ぶりがすごいのです。

母は、凪の罪悪感をあおるようなことを間接的にちくちくと口にする術に長け、いつも凪を自分のいいようにコントロールしてしまいます。一方で、外面はよく、いい人のふりをすることが上手です。

有名なシーンはこれでしょう。

トウモロコシが苦手で食べられなかった子ども時代の凪の目の前で、母は大量のトウモロコシを捨ててしまうのです。そして、母はこう言います。

「凪が食べないからトウモロコシが死んじゃった。お母さんやおばあちゃんが大切に育てたトウモロコシなのにね」

こんな風に言われて、罪悪感を持たない子どもはいないでしょう。聞いているだけで心が切り裂かれそうな思いがします。

また、家が台風被害に遭った、その修理費用を直接請求することはしないのですが、母は凪に見積書をわざと見えるようにするのです。そして、凪は心配

しなくていいのよ、と口にした後で、

「あちこちに頭を下げてなんとかお金を借りて、一生懸命働いて少しずつ返していくから、大丈夫」

とわざわざ言うのです。そして凪は、自分の夢のためにコツコツ貯めていたお金を母に渡してしまうのです。

娘の側から見れば、こうした母の姿は重く、苦しく、近くにいると思うだけで息が詰まるような思いのする存在です。ただ、母側にも言い分はあるかもしれません。一生懸命、愛情込めて育てたはずの娘に、それが「毒」だった、と言われる気持ちもまたやりきれないものでしょう。関係性が近いあまりに、健全に互いを尊重し、愛することが難しいのです。

しばらく前に「フレネミー」という言葉がはやりました。表面だけは仲がいいけれど、実は仲がいいふりして互いの足を引っ張っている、という関係です。

フレネミーと毒親は異なるものですが、関係性が近いあまりに愛情と憎悪がまじりあってしまうところはよく似ているように思います。娘の持ち物を、「お母さんも使っていいでしょう」と言って持ち去ったまま、返さない。娘の友人と親しくし、娘を孤立させようと画策する。娘の恋人を奪う。

娘側には「親孝行でいいお嬢さんね」と言われるインセンティブがある。「母親に対して反抗的なことを言うなんておかしいでしょう」という自分自身へのエクスキューズも成立してしまうので、なかなか精神的に独立するにもエネルギーがいります。

あたたかい泥沼のような関係を断ち切るには勇気と力が必要でしょう。でも、周囲が無責任に「親孝行ね」などと言っているのは、完全にスルーしてよいのです。自分が嫌だったら母親に対して「何をするのもあなたの自由だけど、それなら私も自由にさせてもらいますね」と言っていいのです。あなたの人生はあなたのもので、人生という時間は有限なのです。

また、かえって娘側からそう言われることで救われるお母さんもいるのではないでしょうか。娘との距離を適度に取れず、娘と私は違うんだ、そう思いきれない母である人が、実は多いように感じます。身近にいる同性だから、どうしても比べてしまう。娘のほうが得をしているような気がすると、なんだか苛立ってしまう……。本当は、比べること自体が無意味で、おかしいことなのですが。

第2章

愛し方がわからない父

父の子殺し――アブラハムのパラドックス

父は無意識に息子を殺したいと望んでいる――。なんという恐ろしいことを言うのだ、と怒りたくなる人もいるかもしれません。

この考えを提唱したのはデンマークの哲学者、キェルケゴールです。旧約聖書には、父アブラハムが主の声を聞いて息子イサクを殺そうとする場面が出てきます。キェルケゴールは、著書『Fear and Trembling』で、実際にはアブラハム自身に元来、イサクに対する殺意があったのではないかと分析しています。父親の持つ、この葛藤を「アブラハムコンプレックス」と呼びます。

息子を殺そうとする父の姿に、なぜ彼はここまでこだわったのでしょうか。キェルケゴールは、現代なら「毒親育ち」ではなかったかと思える節があります。家庭内には、娯楽といえるものがほとんどなく、父は厳格で、キェルケゴールが外に出たいと言うと、それを許さず、父親は彼の手をとって部屋のなかを散歩したといいます。キェルケゴールは行きたいと思うところを父に伝え、すると父子は想像のなかで、門を出、海岸に出たり、町を歩いたりするのです。

手をとって部屋のなかを歩きながら、父は町や海岸で見るもの聞くものを、実際に見たり聞いたりしているように物語り、知合いに出合って挨拶をし、車が音をたてて通り過ぎるさまを描写します。父はあらゆるものを詳しくいきいきと、想像力を駆使して語りました。この「部屋のなかの散歩」は、キェルケゴールに想像の楽しさを教え、たくましい想像力を養うのに有益だったと一般的にはいわれています。

しかし、実際はどうでしょう?　部屋に閉じこめられたまま、父の世界を抜けだすことが許されないキェルケゴール。彼の中には抗うことを許されない父の存在への複雑な感情があったのではないか……。だからこそ、彼は旧約聖書の燔祭《はんさい》（息子イサクを神に捧げる）に強い思い入れを感じ、わざわざ分析しようと試みたのではないか、と考えられます。

子はある程度成長すると親から精神的に自立しようとします。これは子に対して愛情を抱いている親にとっては本来は苦痛なことです。しかしこのとき、子を精神的に自分から分離させることで、親の精神は窮地を脱することができます。つまり、子を突き放すことで、自分がラクになる——これが「息子殺し」としてキェルケゴールが分析した心理です。

一方、母親と娘の潜在的な対抗的心理は第1章でも言及した白雪姫コンプレックスと言われます。

父子関係のモデルが消失した時代

家庭内における父親の存在に目を向けてみましょう。現在40代の中盤にさしかかろうという私の世代が育った多くの家庭は、かつては母親が専業主婦で父親が外で働くというのが一般的でした。そうなると、母子間のコミュニケーションが非常に密であるのに対して、父親との関係は非常に薄くなります。関係どころか、影も薄い、というご家庭も少なくなかったかもしれません。

ところで、私の世代以外の人はどうなのか、見渡してみると必ずしも父との関係が薄い人ばかりとは言えません。むしろ友だちのようであったり、親というよりは教育者のようであったりと、様々です。一方で、離婚する人も増えました。すると、この多様な家族のありかたの中での父の立ち位置というのは、どうなっているのでしょうか。自由度が高い分だけ、かえって心的負担の大きいものになっていると見ることもできます。

仕事の場であればペルソナを定まった形で与えてもらえますから、それに沿って行動すればよいのですが、家にあっては父としてどう振る舞ってよいのかわからない。人によっては家に帰ることが億劫で、外で時間をつぶして帰るというケースもしばしば耳にします。もっとも、妻との関係がギクシャクしていることがその原因の大きな部分ではあるのでしょうが、ともあれ、父親としてどうあるべきかの理想像が消失した現在、男性が家庭において感じるストレスは、女性のそれとはまた別の重さがあるのではないでしょうか。裁量権が大きいほど、その判断をしたことの責任も大きくなるからです。

妬む父

第1章では母が子に対して持つ妬みについて触れました。しかし、近年の研究によれば、実は妬みの感情は男性にこそ強く存在します。男性、つまり父親が、自分の子に才能の片鱗が見えたときに「この子はすごいぞ」「ここをのばしてあげよう」となればいいのですが、どうも才能の芽があると感じられたとき、それを早いうちに摘んでしまう人がいるようなのです。それも、無意識の場合が多いのでよけいにたちが悪いのです。

父親にとって、妻を奪い合う最大のライバルは息子であるので仕方のないことかもしれません。妬みの感情は男親のほうがひょっとしたら女親より怖いものである可能性もあります。

男性に妬みの感情が強いのは、企業内の人間関係において顕著に表れているでしょう。妬みの強い男性は、見どころのある後輩だと思ったら、自分の下に付けて何とかコントロールしようとしたり、もしくは自己評価を低める方向に心理的に操作したりして芽が出ないようにする。

知識が豊富で野心のある、いわゆる「面白い」タイプよりも、無難でおとなしく、自分が知らないことを言わない後輩がこのような男性からは好かれます。面白いタイプは脅威となる可能性が高いからです。大学に学生として在籍していた頃、ある研究室の教授が「東大は教育するのがとても楽な大学だ」と言っていたのを耳にしたことがあります。「徹底的に踏みつぶして、這い上がってくるやつだけを使えばいい」というお考えでいらしたのです。

ただし、これは、そもそも学生側に能力も一定以上あることが入試によって保証されており、野心があることもわかっている環境だから使える方法です。這い上がってくる人、使える人が入ってくるところでなくてはこの考え方は成立しません。「こいつは見所がある」と思うからこそ、最初に厳しくするのも一つの教育方法たり得るという部分があったのでしょう。

しかしながら、まずは徹底的に踏みつぶすというその姿勢にはぞっとさせられるようなドロドロしたものを感じさせられました。研究室はある意味「疑似家族」。閉鎖的で密な関係が築かれる場所だからこそ、「父の子殺し」にも似た現象が生まれたのかもしれません。

子どもの可能性をつぶす

つい最近、ある大企業に勤務する方とお話をする機会がありました。その会社はインターンシップ制度を取り入れていて、大学生はもちろん、大学を途中で辞めてしまった子でも、見どころのある子を集めて教育するシステムがあるとのこと。

しかし、いざ蓋を開けてみると、大学を中退している子たちの中に、とても斬新な発想を持っている子がいることがしばしばあるそうです。でも彼らがそれを提案してくると、役員はそのアイデアを持て余してしまう。役員は自分の手柄になるわけでもないし、その子たちをすごく使いにくいのだといいます。「正直困っています」と苦笑いされていました。自分の知らないことを知っている若い子たちが怖いから、やんわり芽をつぶそうとする。

この行為を、親側もやってしまいがちです。

子が女の場合「女の子が生意気だと結婚できないよ」「女の子はそんなに勉強しなくてもいい」などと、周囲の大人からいわれないことはまずないといっていいでしょう。

子が男なら、親を凌駕するような発言をすると「世間のことをろくに知りもしないくせに、何を甘いこと言っているんだ」「おまえにそんなことができるわけがない」と頭から否定されてしまったりします。

大人の言動を観察するうちに、子どもたちの中には、そんな大人の言動に対して「何十年も生きているわりに、不条理なことを言う。非合理的だ」などと考え始める子がでてきます。親に洗脳されることなく、むしろそんな親を心の中でダサいと思ってしまう。そういう子は自己肯定感が強いともいえ、「親は親、自分は自分」と考えられるので、心配はいらないでしょう。親の言動によってつぶされることはあまりないでしょうから。

一方で、いわゆる素直で人の意見を聞きやすい子、また自己肯定感の低い子では、自分が間違っているのかと思って萎縮してしまうおそれがあります。そして親からコントロールされてしまう。「いい子」ほど、大人に支配されやすく、親から可能性をつぶされてしまうかもしれないというのはなんとも悲しいことです。

子の「勉強」は誰のため？

わざわざ勉強をしなくてもとても勉強ができたのに、「真面目に勉強をやってほしい……」という親の気持ちを忖度《そんたく》してコツコツと勉強をやるようになった結果、成績が落ちてしまい志望校に合格できなかったという男性を知っています。

勉強もできるけれど、何より頭がキレて、弁も立ち、合理的でスマートな問題解決をさらりとできる人。そういう人に無駄に勉強させてしまったせいで、むしろその芽が摘まれてしまったのです。

ＪＡＰＡＮ　ＭＥＮＳＡの会員の方で、私はその方と大人になってから出会ってその話を聞きました。高校一年の段階で、東大模試でＡ判定が出ていたのに、勉強すると全体像がブレて、点数がとれなくなった。本人は、周囲が頑張るようになったから、相対的に自分の順位が下がっただけだよ、と言いますが、とてもそんな風には思えないようなキレの良さを持っているのです。聞けば、彼自身は必要な勉強というより、やったことをアピールできるような勉強法に途中から変更したということでした。

彼のお兄さんはコツコツやるタイプだったようです。お兄さんがそうだったから、弟である彼にも同じように、と思ったのかもしれません。彼自身も「母親がこうあってほしいと思う子ども」像を敏感に察知して実行したのでしょう。しかしその結果、自分を犠牲にすることになってしまった。

結局彼は東大には合格せず、中堅私大に入学しました。ご両親は東大卒のお兄さんのほうを誇りに思っているようだと、彼はいくぶん自虐的に言います。

彼は私立大学を卒業後、持ち前の頭脳を生かして事業家として成功していますが、本人としては後悔もあるようですし、学歴に関係する事物へのコンプレックスもあるようです。そもそも男性はヒエラルキーにとても敏感ないきものです。彼の中でも自分はお兄さんに負けているかもしれないという意識が拭えないのかもしれません。

とはいえ、彼本人は頭がよすぎて、向かい合って話していると緊張して変な汗が流れるような感じがするほどの人です。声を荒らげる姿など、一度も見たことはないのですが、何もかも見透かされているような気がして、すごく怖い。彼のことを知っている人は皆、一様に「おっかない人だよ」と言います。

話しているときの頭のキレや知識の豊富さ、興味の範囲、物の見方などから、東大には楽々受かるポテンシャルのある人だということは容易にわかります。実際に知能指数は高く、地頭がとてもいい人です。私の周囲の東大生に話を聞くと実は「勉強しろ」と言われて育った人は少数派であるような感があります。私がそうであったように「勉強するな」と言われたり、本を読んでもいい顔をされないので隠れて読んでいたり。あるいは「この子は変わっている」「子どもらしくない」と心配されたり。統計を取ったわけではないのでリアルなデータはわかりませんが、少なくとも私の周りは「勉強しろ」と言われて素直にコツコツとやってきたタイプは少なかったのです。

勉強ができ、成績がよくても親は心配になるもののようです。心配していた親の心理はどういうものであったか。自分の手元からどんどん離れていき、自分をはるかに凌駕する感じが親としては分離させられるようで寂しかったのではないでしょうか。親御さんたちは、子どもが社会の中でうまくやっていけるようにと心配する気持ちももちろん持っているでしょうが、絆が薄まってしまうことへの不安のほうが時に大きくなってしまうことがあるのかもしれません。

子との絆に親としてのレゾンデートルを求めるのは完全に親側の自分勝手な都合です。絆に何かを求める気持ちが強すぎて、「この柵の向こうへ行ってはいけませんよ」と枠を設けて子どもを支配下におくことで安心しようとする。たしかに自分の子どもなのに、自分にははかりしれない能力を持っていたら、戸惑ってしまう気持ちにもなるでしょう。しかし、能力と絆は別ものです。自分が親であるという事実は変わらないのです。

子どもは親の影響を受けて育ちます。けれど完全に別人格の存在でもあります。自分と似ていなくても、自分とそっくりでも、淡々とその子の人格を受けいれることができれば、互いに幸せだろうと思います。「こんな子に育ってほしい」というのも親のエゴかもしれないのです。

子の時代が長いという弱点

人類が種を維持するためには、かなり長期間にわたってこの弱点を抱えて生活しなければなりません。

子が弱点だと言ってしまうことには、反対意見もあるでしょう。けれど、人間の子は一人ではなかなか生き延びられません。子がいれば、時間も注意のかけ方も変わってきますから、労力も必要です。これは子を抱えている家庭の方なら当然、実感し、理解をしているはず。議論の余地はないと思います。実際には、子を抱えたまま戦闘をするということは不可能でしょう。外敵からしてみれば、一番弱い子どもを狙って攻撃をしてくるであろうと考えられます。子を外敵から守るのはなかなか大変なことです。

そうすると何が起こるかというと、子を持っていないほかの個体たちが、守ろうとして相互的に協力をする、協働的に動くわけです。そうでなければ生き延びられない。協働的に動かない集団がもしあったとすれば、その集団は次世代が残りにくく、いずれ滅びることになります。

つまり、生物は、次世代を残すために共同体をつくるのです。

もっと言えば、より協働的な、協調的な性質を持っているほうが繁栄するということになります。すると、協調させるための遺伝子が人間社会の中にどんどん濃縮されていきます。その遺伝子、ないしは協調させるために脳内で起こる仕掛けの源になる神経伝達物質は、ホルモンの作用をするペプチドホルモンであるオキシトシンです。「愛情ホルモン」とも呼ばれていて、ストレスを緩和し、幸せな気分をもたらします。

そしてもう一つ重要な物質が、オキシトシンと同じく、人を含む多くの哺乳類に見られるペプチドホルモンであるアルギニン・バソプレッシンです。海外の研究によって、この遺伝子の変異がある男性は、変異がない男性に比べて離婚を繰り返したり、家庭生活で問題を抱えている確率が高いという報告があります。

この2種類のホルモンによって、私たちは仲間のために行動をしたり、家族でない、血縁でないにもかかわらずその相手に対して好意的に振る舞ったり、困っているときに助けようとしたり、ほかの相手よりも優先してその人に対してメリットをもたらそうと何らかの働きかけをするということが起こります。家族の絆というのはこの最も濃いものと言うことができます。

愛情ホルモン「オキシトシン」

オキシトシンの話をもう少し詳しくしたいと思います。

オキシトシンというホルモンの名前は、最近よく聞かれるのではないでしょうか。愛情や信頼感を形成するので「幸せホルモン」「愛情ホルモン」などと呼ばれることもあり、ストレスを緩和し、幸せな気分をもたらします。不安時に出るホルモン「コルチゾール」の産生を抑制し、信頼関係を強める効果があります。前頭葉が育つように働きかける役目もあります。

アミノ酸がいくつかつながったものをペプチド（小さなタンパク質分子）といいますが、アミノ酸が9個つながっているものがオキシトシンです。オキシトシンは、良好な対人関係が築かれているときに分泌され、闘争心や恐怖心を減少させます。この物質があるといろいろと面白いことが起きることが実験的にわかっています。

たとえば「鼻薬を嗅がせる」という言い方がありますが、オキシトシンを点鼻しておくと、本当に相手に対する信頼度が増して、投資の金額を、それまでの倍出してしまったり、不利な取引契約を結んでしまったりと、ちょっと不思議な行動が起きるのです。

相手に対して好感を持つようになるとか、仲間であると思いやすくなったりするという現象が起こるからです。同じ職場の人間同士であるとか、同じプロジェクトチームでよく顔を合わせているなど、親密な関係ではもっとたくさんのオキシトシンが分泌されます。

昔から「同じ釜の飯を食う」という言い方があります。たとえば運動部の合宿などで、チームのメンバーが生活を共にし同じ釜の飯を食べると連帯感が生まれるという意味でよく使われていますが、科学的な根拠があることもわかっています。

オキシトシンはスキンシップで脳内に分泌されます。握手などの簡単な皮膚への刺激でも分泌されるのですが、食事をするときにも出るのではないかという説もあります。消化管も上皮細胞なので体の外ではあるのです。

一緒に食事をし、その場で良好な関係になっていく過程で、オキシトシンの分泌が増える傾向があるのです。職場の同僚でも、チームメイトでも、一緒の場にいるときに食事をするということが絆を深める上で重要であるということ。

当然のことながら、性行動もオキシトシンを出させるための行為として含まれます。そもそも、オキシトシンというのは「陣痛を促進する」という意味のラテン語から来ている言葉です。

1906年、イギリス人のヘンリー・デールが、牛の脳下垂体を搾った汁が出産の経過の加速を引き起こすことを発見しました。哺乳動物が出産時に子宮を収縮させ、授乳時には乳腺を収縮させ、乳の分泌を促す働きがあるとわかったのです。その搾り汁の中にあるこの物質がオキシトシンと名付けられ、陣痛促進剤として使われるようになりました。

つまり、人間の絆を作る物質として見つかったものではないのですが、投与するとどうも相手に愛着を感じさせるようだと、だいぶあとになってわかったのです。

陣痛を促進させる物質がどうして愛着を作るものとして機能しているのでしょうか。出産時にオキシトシンが大量に脳内から分泌され、陣痛を促進し、赤ちゃんを押し出すように作用します。そして、生まれてくる赤ちゃんに愛着を感じさせるために母親の脳を改造させる……いわば女の人の脳を母の脳に改造するために使われているのです。

赤ちゃんが生まれ出てきたときに「こんな子産まなきゃよかった」などとその個体に恨みを持たないようにと脳で働いて、愛情深い母親の脳にさせてあげる。母性愛を強め、精神的に安定する効果をもたらすのがオキシトシンの大きな役割です。哺乳類にとっては大きな役割です。

哺乳類というぐらいですから、自分の体を破って出てきた赤ちゃんに対して愛情を抱けず、乳を与えることが不可能になれば、いずれ次世代は絶え、種が滅びてしまいます。つまり、オキシトシンが出ない遺伝子の人間は残らなかったわけです。

ただ、今は医療も発達していますし、母親にオキシトシンが分泌されずに育児が放棄されても、誰かが面倒を見てミルクを与えればいい。愛情を抱けない母親の個体数が増加すると、母子の絆が100年、200年と経過していくうちに薄れていくかもしれません。ただ、今のところ、そのような傾向にはないようです。

父親の育児脳

オキシトシンは、母親と赤ちゃんの絆を作るための物質だというお話をしましたが、だったら父親と子どもはどうなの？　という疑問が生じるのではないでしょうか。父親と子どもの関係は、母親と子どものそれと比べて、ややこみ入っています。

過去の実験で、男性が赤ちゃんとたっぷり触れ合うとオキシトシンが分泌されることがわかりました。分娩も授乳もしませんが、子どもができると、オキシトシンのレベルは上がります。一緒にいる期間が長かったり、抱っこをしたり面倒を見たりするうちに、母親ほどの濃度ではないけれども、父親の脳にもオキシトシンが増加する。そして、少しずつ父親らしくなっていくのです。

母親は出産を機にオキシトシンが脳内に放出され、いきなり母親になりますが、父親は少しずつ父親になっていく。だから、子どもが小さい時期に家にいられなかったお父さんは、オキシトシンが分泌されないので、なかなか父親としての自覚を持てないのかもしれません。子どもに対しても、すこし後ろめたい気持ちがある場合も。まったく疑う余地もないのに「この子は本当に自分の子どもなのだろうか」と感じてしまうこともあります。母親のように生まれた瞬間から赤ちゃんと強いつながりを感じにくいところが、男の人の悲しいところかもしれません。半面、子どもに執着しすぎることなく、風通しの良い関係を築くことが期待できるかもしれません。

オキシトシンは男性ホルモン、テストステロンと拮抗する関係にあります。独身時代はテストステロンに溢れていても、結婚して子どもができると、家族に対して献身的になります。動物実験では、オキシトシンの出ているオスは、新しいメスより交配を終えた相手を選び、一夫一婦制を形成しました。

また、面白いことに、赤ちゃんが家にいるところによく帰るお父さんは性欲がおちていきます。子どもの存在がオキシトシンを増やし、テストステロンを下げる。テストステロンは筋肉増強剤として使われることもあるぐらい代謝を上げるのですが、オキシトシンは逆に脂肪を増やすので、ちょっと太るかもしれない。いわゆる「幸せ太り」が起きます。ちゃんと子どもと絆を作っている証拠です。

逆に、子どもが生まれたばかりの父親なのに、独身時代と変わらずに精悍なイメージのままで「あれ？　あんまりおうちに帰ってないのかな？　子どもとスキンシップをしていないのかな？」と思えるような人も中にはいます。とはいえ、もちろん、個人差はあるのでしょうが。

アルギニン・バソプレッシンについて

もう一つの愛情物質、ＡＶＰ（アルギニン・バソプレッシン）はオキシトシンとよく似た物質で、アミノ酸配列は双方ともに9個からなります。そのうち二つのアミノ酸が違っているにすぎません。ということは、そこそこ似ていると言っていいかもしれません。

アルギニン・バソプレッシンも、絆を作る物質です。オキシトシンが主に女性に働き、女性のほうが濃度も高い物質であるのに対して、アルギニン・バソプレッシンは男性側に機能してパートナーに対する愛着を支配します。そして、一般的な人間関係における親切心の度合を左右する物質でもあります。

これはアルギニン・バソプレッシンの分泌量というよりも、受け取り手であるところの受容体の問題でもあるのですが、この受容体のタイプは人間の場合はバリエーションがあります。アルギニン・バソプレッシンを受け取ったときにシグナルを伝えやすい受容体と、そうでない受容体の両方があるのです。

前者の人は、比較的親切行動を取りやすい。弱い者を見たときに率先して助けてあげようとするタイプなのですが、後者の人は、あまりそういうことをしません。見て見ぬふりをしたりとか、ここぞとばかりに搾取したりするという行動を取ったりもします。

この2種類のタイプではパートナーに対する振る舞いが変わってきます。親切行動を取りやすいタイプは、想像のとおりだと思いますが、婚姻関係を維持しやすい。

逆のパターンの人は、男女ともに長期的な人間関係を結ぶのが難しいタイプです。つまり、婚姻関係を維持しにくい。あるいは、結婚という選択肢を取りにくい。未婚率と離婚率が高く「離婚遺伝子」「不倫遺伝子」などと呼ばれています。

といっても、この人たちが、100％離婚したり、不倫したりするわけではありません。人間の行動は遺伝子だけで決まるわけではなく、育った環境などにも影響されるからです。

相手の女性にもこのアルギニン・バソプレッシンの受容体にバリエーションがありますから、親切行動を取りやすい男性でも、相性によって、うまくいったりいかなかったりするのは当然のことです。組み合わせの問題だけでなく、社会的な問題や、それぞれの家庭環境など様々な問題がありますので、100％決まるわけではない。ただ、そういった傾向が見られるということで話題になった研究でした。

しかしながら、どうしてこんな遺伝子が残っているのでしょうか。

このタイプの人たちは、いわばチーティング（反則）しているのであって、親切行動を取るタイプの人たちのリソースに乗っかっているわけです。他の人たちが作っている社会の仕組みに乗っかって、自分の遺伝子もあわよくば残させてもらおう、というかたちで、婚姻関係を築かずに、なんとか子どもを残そうとする戦略です。

男性だけでなく、女性でもそちらのタイプの遺伝子を持っている人がいます。遺伝子だけ残させてもらいましょうというタイプなのか、協力関係を築いて長期的な戦略で遺伝子を残していきましょうというタイプなのか、両方の戦略が人間の社会ではあり得るということになります。

父との関係の失敗による認知のゆがみ

婚活している女性の中には、なぜか焦っているのに決まらないという人が多くいます。自分の運命の相手が一人しかいないと思い込んでいるので客観的に見れば条件のよい相手でも振ってしまったり、一方で、「この人良さそう」と思った人に出会うと、ものすごくしがみついてしまったりもします。

しばしば、こうした極端な判断には父との関係が影響しています。父と母の関係が理想的に見えて、そこに自分の理想も重ね合わせようとしてしまったり(エレクトラ・コンプレックスもこのバリエーション)、あるいは逆に父のような男と結婚してなるものかと力むあまり、同じような人をつかまえてしまうというパターンです。不倫する父を持つ人が夫にも不倫される、などという現象を繰り返しよくみます。

「この人とやっていくのは難しいな」と思った場合にはそんなに我慢して一緒にいなくてもいい。我慢して一緒にいなきゃいけないという考え方が、そもそも合理的ではなく、認知のゆがみがある可能性があります。

せっかく出会った人だから、我慢して一緒にいないと、誰かから何か言われるのではないか。世間体が悪いのではないか。自分の価値が低いと思われるのではないか。もうこういう相手とはこの先出会えないのではないか。

どれも間違いです。冷静に統計的に計算すれば、人間の男性の個体数は自分一人と比べて十分多くこの世には存在しているのですから、なんらかの方法で知り合った特定の一個体にしがみつかなくても、ほかに出会える可能性はいっぱいあります。「せっかく出会った人なのに結婚しないのか」「また相手を替えるのか」と、そんな声が内からひびいてくるのかもしれません。でも選択権は自分のものなのです。あなた自身の判断と他人の無責任な意見とは別です。次に出会う別の人を選び取ったところで、いいか悪いか判断するのは第三者ではあり得ないのです。

性的虐待

父と娘の関係における「毒」のうち、最も看過できないもののうちの一つであるのがこの問題です。

子が親から逃げることは難しい。幼年であればなおさら、一人で生きのびる基盤の脆弱さから、脱出を試みても完全に逃げ切ることはほぼ不可能です。

性的な行為をしてくる親は、保護者の皮を被った加害者であり、子の最も基本的な信頼を毀損する裏切り者です。こうした親には、子を一人の人格と認める能力が欠落しています。それゆえ、子の感情を理解することができません。

性交のみに限らず、親の性的興奮を目的とした接触も同様に子を傷つけます。また、血のつながりのない養育者であっても親として、家族として、子と接しているわけですから、そうした関係の中でこのような行為をする人は同様の深い傷を子に刻むことになります。

子の苦痛は、これを母親をはじめとして誰にも相談できず、しかも自分も裏切っている側に加担しているのではないかという、罪悪感を持ってしまうところにあります。そして、長期にわたって自暴自棄なふるまいをさせてしまう原因となります。恐ろしいのは、社会的・性的に逸脱した人々が加害者になるのではなく、むしろごくふつうの一般的な人が子に対してそうした行為に出ているという点です。教員や、警察官といった、倫理感の強い人と一般にはみなされる人でも加害者になり得ます。

子は、誰かに相談することを試みても、信じてもらえない、という経験を繰り返すうち、屈辱と無力感に負けて、沈黙してしまいます。

そして、自分で自分を傷つけてしまうのです。被害をうけた子は、自分を不浄と思いこむようになり、希死念慮や自己評価の著しい低さにずっと悩まされてしまうことになるのです。

仲良し家族が素晴らしいという幻想から自由になるために

もう一つ、わかっておくと楽になること。家族は仲良しでなければいけないというのは根強い考え方だけれども幻想だということです。仲良きことは美しきことだと数学の定理のように決まっているわけではありません。

たしかに仲がいいことは協力行動をとる上で便利ではあるかもしれない。けれど、それが美しいというのは本当に正しいのかどうか。ここには思考の罠があります。

「美しい」という価値には、人を思考停止にさせる魔力があります。本当は隠れた問題があるのではないかと考えることを止めてしまう。せっかく仲良し家族なのだから、問題点を掘り返してはいけないと思考にブレーキをかけてしまう。

別に仲良くなくてもいいのです。他人から見れば冷淡で、全く仲が良くないように見える家族が、実は非常に強い絆を持っているかもしれない。本当の絆なんて、他人から見えるものではないし、他人が評価することでもない。

遠くにいても、距離を置いていても、それはお互いが信頼しあったうえでなら、強い愛情の形かもしれない。いずれにせよ、他人がとやかく言うことではないし、とやかく言われることでもないのです。

仲良し家族の美しいイメージは誰もが持っている自然なものではなくて、社会に洗脳されて刷り込まれる人工的なテンプレートかもしれないからです。支配する側の人間にとっては、仲良し家族のもとに思考停止していてもらえる方が、労働力を確保しやすい。現に高度経済成長期は、家族のためにと命を削る思いで限界まで働かされてきた人も多かったはずです。しかし、時代は変わりました。絆から自由になるためのトレーニングがこれからの私たちには必要なのではないでしょうか。

第3章 愛が毒に変わるとき——束縛する脳

《ママン》

六本木ヒルズ森タワーの入口には、巨大な蜘蛛の彫刻があります。待ち合わせに便利なので、作品の名前自体は知らなくても「六本木ヒルズの入口の大きな蜘蛛のオブジェ」といえばわかる人もいるでしょう。

この蜘蛛の彫刻のタイトルは《ママン》。

説明するまでもないでしょうが、フランス語で、お母さん、という意味です。黒々として巨大な、グロテスクにも見える細長い脚を持ったこの蜘蛛の像を、お母さん、と呼ぶのはやや奇妙な感じがします。作者にとって母親は、本当にこんな風に見えていたのでしょうか？　だとしたら、それはなぜなのでしょうか？

彫刻の作者はルイーズ・ブルジョワ。世界的な彫刻家として知られているフランス人の女性です。２０１０年に亡くなりました。彼女は結婚を機に母国であるフランスを捨ててアメリカへ渡り、のちにニューヨークで大成功をおさめました。

蜘蛛に母親の像を重ねたのは、いったいなぜなのでしょうか。これを理解するには、ルイーズの生い立ちにまで遡らなくてはならないでしょう。

ルイーズの父親ルイは容姿端麗であり、常にエレガントで、美しく着飾っている男性でした。しかし、過度にナルシシスティックな側面があり、他人をコントロールし、その場を仕切ることができないと我慢がならず、身近な人や家族を操作することに喜びを感じる性格だったといいます。

一家は当時、タペストリー工房を営んでいたこともあってルイーズの従兄たち家族も一緒に暮らす大所帯でした。父親は全員が食卓に揃わないだけで苛立つような性格で、少しでも意に満たないことがあれば不機嫌さを露わにする、という人でした。食事の席において無許可で誰かが話そうものならルイは無言で皿を投げつけました。また、食事の後はめいめいが歌や詩を披露しなければならないなど、謎のルールが山のようにあり、それに従わなければ理不尽な扱いを受けるという家庭環境でルイーズは少女時代を過ごしたのです。

こうしたピリピリした家庭のムードの中で、ルイーズは娘として特別扱いを受けたかというとそうではありません。実の娘であったにもかかわらず、ルイは容赦なく彼女を虐め抜いていきました。殴る蹴るという肉体的な暴行や性的虐待というわけではなく、精神的にルイーズを追い詰め、逃げ場がないように仕組んで、娘が苦しむのを楽しんだのです。あるときには食卓で、ルイはオレンジの皮を使って、ナイフで器用に人の顔や乳房や脚の形に切り抜いて、わざと両脚の間に丁度オレンジの芯が位置するようにしました。そうしてルイは、このオレンジの皮はルイーズだよ、といって、その直後「ああ、ルイーズの股の下にはこのすばらしいモノがぶら下がってないんだったな?」とわざわざ皮肉を込めて言うなど、下品な嘲笑を彼女にぶつけたりする。こうした仕打ちを日常的に行っていたようです。

今日では無論、精神的虐待といっていい行為です。ルイは、実の娘に対して、お前は女だからいらない子どもだ、間違って生まれた子なんだというメッセージを、実の父であるにもかかわらず、投げつけ続けたのです。ルイは子どもには男の子を望んでおり、ルイーズが女として生まれたことが気に入らなかった

東京・六本木ヒルズ森タワーの正面の広場に設置された高さ約10メートルの巨大な蜘蛛のパブリックアート「ママン」。真下に立つと、お腹の中にたくさんの卵を抱えているのがわかる。作者・ルイーズ・ブルジョワが蜘蛛に自分の母親の像を重ねたのはなぜなのだろうか。

ママン
ルイーズ・ブルジョワ
2002年（1999年）／ブロンズ、ステンレス、大理石9.27 x 8.91 x 10.23（h）m

といいます。これはルイーズが18歳でソルボンヌ大学の数学科に合格するまで、ずっと続きました。

そんな家庭に、ルイはさらに波乱を引き起こします。英語の「家庭教師」という名目で、若い愛人を家に連れ込んだのです。この女性の年齢は18歳。ルイーズと7歳しか違いませんでした。彼女の存在は、公然の秘密として扱われました。ルイーズの母はこのことにたいして何も言わずに受け入れたといいます。ルイーズはこの頃の自分を振り返り、家庭教師の首を、布を洗って絞り上げるようにねじり上げてやりたい、と思っていたと述懐しています。

この時の、ねじり上げたい、という強い思いが、のちの《スパイラル》と名付けられた彫刻作品のシリーズに反映されています。殺すだけでは足りないからねじり上げて苦しめてやりたい、というほどの強烈な憎しみを、芸術作品にまで昇華したルイーズの精神力と才能には目を瞠《みは》るばかりです。

ねじり上げてやりたい、というのは尋常なことではありませんが、愛人の存在によってルイーズは自殺未遂をしてしまうほど苦しんでいました。愛人がまるで、男にとっての必需品であるかのように受け止められているのを、ルイーズはずっと不満に思っていたのです。母に対して、そのことを問い質すと、母は「自分の母もそれを受け入れてきたから、自分もそうするのだ」と言ったといいます。黙って理不尽な仕打ちを受け入れる母の姿に、思春期のルイーズはどんな気持ちを抱いたのでしょうか。

ルイーズ・ブルジョワはフェミニズムアートの作家として知られています。こうした原体験が、彼女の創作意欲の源泉の一部となっているといって良いでしょう。ルイーズは、父親から精神的虐待を受けたり、愛人のことを周囲から揶揄されたりするたびに、彼らに対して直接の復讐をする代わりに、別の方法で憂さ晴らしをしました。それは、白パンを口でぐちゃぐちゃにしたものを粘土代わりにして、人形を作るというものです。そして、このパンの人形を父親に見立てて、手足をナイフで一つ一つ切り落としていくのです。

Pain はフランス語では「パン」ですが、英語（彼女にとっては憎い憎い愛人の母国語に当たります）では「痛み」という意味になります。これを、おそらくは意識的にやったのでしょう。のちに、この「作品」は素材を変えて、《poupée de pain（パン人形）》という形で発表されることになります。強いネガティブな感情を創作に向けるというトレーニングを、彼女はごく若いうちからしていた、ということになるでしょうか。

過酷な環境の中で、抗弁もせず、母は傷んだタペストリーを修復する作業を淡々と続けていきます。その姿を見てルイーズは蜘蛛を連想したといい、以下のように綴っています。

蜘蛛は巣をこわされても怒らない
もういちど糸をはきなおすだけ

黙ってすべてを受け入れ、織物をなおしていく母の姿はまるで蜘蛛のようだ。父親や、父権主義に対する憎しみや怒りが募れば募るほど、母を聖なるものとして美化しようとする心情が強まっていったのでしょう。

けれど、言葉はうそをつきます。こうした美しい思いを綴る文章ばかりを表面的になぞるのではなく、深層に分け入ることを試みてみる必要があるのではないかとも思います。やはり蜘蛛というのは母のイメージとしてはどうも違和感があるからです。特に欧米文化圏ではなおさらです。ユングの分析を安易に適用すべきなのかどうかには是非があるでしょうが、アート分野ではしばしば用いられるパラダイムでもありますから、アーティストの分析という文脈においては敢えて取り上げてみるのもよいでしょう。蜘蛛のイメージは「縛り傷つける女性」「束縛する母親」を意味すると考えられています。悪魔の象徴、災いの象徴とする見方もあります。

娘を虐待する父にあらがって、どうして自分をもっと守ってくれなかったのか。こんなに娘がひどい目に遭っていても、母として何もしてくれないのか。黙って受け入れるだけなのか。母に対して、こうした割り切れない思いを、本当に持ってはいなかったのでしょうか。

ルイーズが自殺未遂をしていたことは先に述べたとおりですが、実の母が近くにいながら、自ら命を絶とうというのは、よほどのことです。心理学でいう「心の安全基地」として、母の存在は機能していなかったということを示唆する出来事かもしれません。

母への葛藤が大きすぎて、自分は母を愛していたと、自分に言い聞かせなければならないほど、ギリギリの感情が彼女にはあったのではないでしょうか。虐待された子どもや、パートナーからDVを受けた人にはしばしばみられる現象ですが、認知的不協和が起きたと考えることができます。詳しく言うと、人間はたとえば「母は自分を大切に扱ってくれない」という認知と、「自分はこの母の実の娘である」という事実が衝突する（不協和の）とき、認知を変更することで、事実と整合性を取ろうとするのです。母は一見、何もしてくれないけれど、本当は娘である自分のことを愛しているはずだ、そう自分に言い聞かせることで、心の安定を図ろうとするわけです。ルイーズ自身が美麗な言葉で綴ったように、思い出を美しく飾らなければならないほど、彼女は母に対する複雑な感情に苦しめられていた、と見ることができるのです。

ルイーズの母は、決して直接的にルイーズを虐待したり、束縛したりしたわけではありません。しかし、父親から彼女を守ってくれたかというと、たしかに、母は何もしなかったのです。むしろ、ルイーズを見殺しにしたといっていいくらいかもしれません。母親はただひたすら耐えて、現実を受け入れ、抗わずに目の前のタスクをこなしていくという生き方を変えようとはしなかったのです。

父親に対する激しい怒りは《poupée de pain》に端的に表現されていますが、母親に対するこの複雑な思いもまた、重層的にこの《ママン》に表現されているのではないかと捉えることができるでしょう。

本稿をお読みになってから六本木ヒルズの入口にあるあの彫刻をご覧になるとき、皆さんは、どんな感想を持つでしょうか。

愛着の傷

親との関係の中でこじれてしまったものを見つめなおそうとするとき、理性だけでは処理できないことが多いものです。愛や情や恩や、温かな何かを求めて、親に子は期待します。しかし、望んでも得られなかったり、行き違ったりして、受ける傷も深いでしょう。

受けてしまった傷の深さはどのように脳に刻まれるのでしょうか。心理学的には「愛着に傷が残る」という言い方をします。脳は、物理的に危害を加えられたり、ひどい言葉を常に投げかけられたりしていると十分に発達しないことがあります。背外側前頭前皮質が損傷を受け、キレやすく、欲望への抑制が利かなくなったり、冷静な思考がしにくくなったりします。

ギャンブルやアルコール依存症になってしまうリスクも上昇します。性的依存も一面ではこのような原因があることが指摘されています。社会通念からみれば許されないことを、そのときは判断できずに行ってしまい、歯止めが利きにくくなってしまうのです。

さらには、のちのちパートナーを持つことになったときに影響が出てしまうこともあります。適切な愛着を築くことが難しく、非常に冷淡になったり、逆に相手にしがみついたりします。「仕事と私とどっちが大事なの？」「私が大事なら今すぐ出張先から帰ってきて」「それができないのなら今から手首を切るから」と相手を追いつめてしまうような極端な言動に走ったり、逆に自分で自分をいためつけるような行動をとってしまう。

なぜそうなるのかというと、愛情を確認する方法を知らず、相手を信頼することができないからです。その結果、相手はその関係に疲弊してしまって、結局、破綻してしまう。

健全な愛着の人であっても、離れていたらもちろん寂しくはなるでしょう。とはいえ、すぐ帰って来いと無理を言ってみたりそうじゃなければ死ぬと取り乱したりすることはありません。「寂しいな」という気持ちを伝え、多少はわがままを言って相手を困らせることもあるかもしれませんが、健全な自尊感情をもとに、「会いたかったよ」「寂しかったよ」と伝えれば相手に十分伝わることがわかっているからです。

「絆」という蹉跌

「絆」というのは美しい言葉です。なぜ、私たちは絆を美しいと感じるのでしょうか。そして美しいと感じる一方で、絆というのは（言いにくいことですが）息苦しいものでもあります。

絆を否定することは、人間としていかがなものかと一般的には思われています。人間同士の助け合いは美しいけれども、一方で、タダより高いものはない、という世知辛い側面もあります。例えば、自分に親切にしてくれた人のことを鬱陶しく恩着せがましく迷惑だ、と思っても、なかなか周りには言い出しにくいものでしょう。

人から受けた無償の「親切」や、家族からの「愛」が、なぜ息苦しくなってしまうのでしょうか。それをひもといていくには、絆を強める物質、オキシトシンの特徴をもう少し知っておく必要があります。

オキシトシンは仲間を助けたり、弱い者を守ったり、子どもを育てたり、信頼を強めたりといった人間の社会的な行動をより促すもので、愛情ホルモンという呼び方をされることもある物質です。

この特徴だけを見ると、オキシトシンとは人間性を高める良いホルモンだと多くの人が考えるでしょう。

しかし、一方でネガティブエフェクトも知られています。それは、集団の外に対して偏見を持つようになる、というものです。集団の中の人を過剰に高く評価するけれども、よそ者に対しては不当に厳しい目を向ける。これを「外集団バイアス」といいます。文字通り自分たちと違う外の集団を低く評価する現象です。もっと簡単に言うと、よそ者は信用しないという無意識の差別感情が起きるということです。

家族がつらい

一般的には、家族仲が良いことや、友人が多いことは、高く評価される傾向にあります。常にたくさんの人に囲まれている人は、一見、とても充実した人生を送っているように見えるものでしょう。

とはいえ、一人でいることはそんなに「駄目なこと」なのでしょうか。孤独の価値を積極的に認め、選択的に孤独であることを勧める人も最近は出てきています。実は、多くの人は、人と一緒にいることがストレスになります。

毎日24時間、常に誰かといることには、意外にもストレスがあるのです。サービス付高齢者住宅（グループホーム）でのデータから、一人になれる空間があることが、安定した精神状態のために必要だということがわかってきました。居心地よく感じなければいけないという社会的圧力があったり、家族というものは良いものであると無条件で言わなければならないのがポリティカリー・コレクト（人種・宗教・性別などの違いによる偏見・差別を含まない、中立的な表現や用語を用いること）であったりするからです。

たとえば家族に対するネガティブな感情を抱いている場合、匿名の掲示板などであればその感情を吐露することもできるでしょう。でも実名のブログ、あるいは実名で登録しなければならないSNSなどでそれを開示しようものなら「どうして親の気持ちをわかってあげないの」「そんな考え方をするなんてあなたが間違っている」と、あっという間に多くの人からバッシングを受けることになるのが容易に想像できます。

さらにその逆の現象を見ることもあります。家族をほめたり、家族愛を繰り返し過剰にアピールするような投稿をすると「いい人ぶろうとしていて鬱陶しい」「売名」「本当は不仲だからわざわざ投稿するのか」などと、批判の対象になることがあります。家族関係が良好であることに対して、多くの場合は疑義を持つ人もいるというのは興味深い現象であると思います。

いずれにしても、家族からは逃げられない。婚姻関係であれば解消するということも可能だけれども、一番逃げられないのは親子です。

親子関係のストレス……家庭内で受けた心の痛みや苦しみというのは、他人に伝えることはなかなか難しいものかもしれません。相当、信頼している人、理解してくれる人でなければ話すことをためらってしまうことも多いでしょう。だからこそ、家族関係（そのうちの多くは母娘関係）がテーマの本が多く読まれ、ドラマも映画も漫画でも、こうした内容のものに需要があるのでしょう。

それだけ救いがないと感じる人が多いということの裏返しなのだろうと思えてなりません。

殺人事件の半数以上は親族間で起きている

この数年、日本で起きている殺人事件の内訳をみると、親族間での殺人が頻繁に起きています。法務省が発表している殺人事件の動向というデータでは2016年に摘発した殺人事件（未遂を含む）のうち実に半分以上の55％が親族間殺人。実際に検挙件数そのものは半減している中で親族間殺人の割合は増加しています。

殺人事件そのものは減っているのに、親族間の事件は増加している。つまり、家族、血族、そして他人から家族になった人に対して強く明確な殺意をもたらすほどの感情がむしろ強まっているということがわかります。他人であれば許せるけれども、親族であると許せない。一見パラドキシカルですが実は、誰もが抱いたことのある感情ではないでしょうか。

親子、兄弟姉妹、そして祖父母と孫……。近い間柄で近親憎悪は起こりやすいのですが、血縁関係にかぎったことではありません。夫婦間でも他人同士なら生じないような感情の行き違いが生じます。事件として報じられるのは夫婦間で起こるものが話題になりやすいかもしれません。

多くの人は、愛着とか愛情、家族の絆……そういったものを無条件に、崇高で美しいものだと思っています。だからこそ、そこで考えることを多くの人は止めてしまいます。家族の絆のためなら、と犠牲を強いてしまう。

自分ががまんしさえすればと思ってしまうのです。その結果耐え切れなくなったときに、相手に対して「殺したい」という憎悪の念が噴き出してしまう。もともと他人として尊重していればそんなことは起こらなかったでしょう。家族として甘え、期待しすぎたツケを払わされる側はたまったものではありません。

子どもを、自分の本意ではないはずなのに虐待してしまうという親御さんもいると思います。自分がよくないことをしているとわかってはいる。でも、どうしてこの子は自分の思うとおりに動いてくれないのかと、子どもに苛立った感情をぶつけてしまう。それも愛着が強すぎるからこそ起こってしまうという側面があるのではないでしょうか。距離が近すぎるあまり、客観的に見ることができない。愛着が強すぎるからこそ、激しく、必要以上に攻撃してしまい、冷静になったときに自分のしたことに恐れおののいてしまうのです。

多くの戦国武将はいわゆる「お家騒動」によって弱体化しています。そこにつけ込まれ、攻め込まれて滅亡するのです。お家騒動というのは、端的に言えば、跡目争いです。兄弟、親子、場合によっては夫婦間でも争われ、殺し合いが起きるのです。

斎藤義龍《よしたつ》は、父親の道三《どうさん》と不仲でした。道三は義龍の異母兄弟を可愛がったのです。義龍が自分の子ではないという疑いもあったようですが、ともあれそのために義龍は弟や父を殺してしまいます。織田信長は道三を救援しようとしましたが間に合いませんでした。その信長も実の弟の信行を殺害しています。

伊達政宗は血で血を洗う弟との抗争を繰り広げました。父親を殺したという陰謀説もあります。

時代を遡れば源頼朝は弟義経を殺しています。妻の北条政子は息子の二代将軍頼家を殺しました。そもそも源頼朝の死因もよくわかっておらず、妻・政子の陰謀ではないかという説すらあります。肉親同士の殺し合いの例は歴史上、枚挙にいとまがありません。

本来なら、理想的な形としては子どもを守って育て上げるための仕組みである家というユニットが、機能不全に陥り、却って凶器になってしまう。その理由が、家というものの価値が高すぎ、絆が強すぎるため、というのは、皮肉です。あたかも、本来人を守るためのものであるはずの正義や宗教が、それ自身を理由として戦争がひきおこされるようなものです。構造としては非常に似かよったものがあるのではないでしょうか。

変わりつつある家族の形

今、この時代にも家族の形が変わりつつあります。

結婚の概念も変わりつつあります。実は人類史を見通してみると、家族の形はいつも変わり続けているのです。

日本人は家族と言うとサザエさんの家族みたいなものを想定しがちかもしれません。でも、いつでも家族の形は変わろうとしています。家族というのは人間関係のいわば素過程です。その素過程をもう一回見直してみながら、ここで家族というものの意味を考えてみたいと思います。

家族というのは、人間関係そのものの姿といえます。私たちは、自分で意思決定しているつもりでも、実は一人で決めているわけではありません。重大な意思決定なら、なおさらでしょう。家族が遠くにいて自分は独立していると思っていても、その人の心中に生きている家族が語りかけてきたりする。すでに家族が亡くなっていたとしてもそうです。

『万引き家族』という映画があります。樹木希林さんの演じるおばあさんの家に息子家族のようにふるまう男女たちが同居している。実はこの中で誰一人として血縁もないし、法的な家族でもないことが、作中、明らかになっていくのですが、それなのにとても家族らしい。

血縁による家族が家族なのか。それともほかのつながりによる人間関係を基にすべきなのか。今の社会は血縁を重視しすぎなのではないか……。そんな裏テーマさえ感じられるような映画でした。血縁、そして法によって保証された家族関係を重視するけれども、血がつながっていることだけが家族なのだろうか、そんなことを問いかけている作品でもありました。それが連れ去りなどというやや反社会的な形でつくられた擬似家族であるという点も挑戦的で興味深いといえます。

日本も変わってきています。家族をつくるどころかそもそも結婚をしない人が増えてきたのです。もはや家族の形が変わるというより、解体されていくのかもしれません。

「婚活」という言葉がよく使われていますが、婚活している女性たちは本当に結婚したいのでしょうか。彼女たちに、よく話を聞いてみると、別に「結婚生活」がしたいわけではないようなのです。

婚活している女性たちを見ていてかわいそうだなと思うのは、いわば大学受験や資格試験、就職活動のように結婚を捉えてしまっているという点です。「〇〇すると結婚できないよ」と、彼女たちは子ども時代に脅されてきたのです。結婚できないということは、あたかも人間失格、女失格であることのようにすり込まれて育ってきてしまった。どうも、それを払拭するために結婚したいのではないか、と思えるふしがあるのです。

一緒にいると楽しい相手に出会って、そのあとの人生を心豊かに暮らしたい、そのために結婚したいというのではなく、自分に付けられたネガティブなレッテルを剥がしたいという意味で婚活しているのです。そういう意味では非常に切実で、見ていて痛々しい感じがします。

言語によるグルーミング

理性の介入を拒むような愛の世界や家族関係といった対象を、サイエンスは見過ごしてきた時代が長くありました。これはサイエンティストたちがエリートだったからということにも起因するのかもしれません。自分たちは特に問題のない、いい家で育ってきたという人が多かったでしょう。

高等教育を受けてきて、しかも男性であり、生涯、親子関係のことなど、仕事と切り離して放置しておける。でも時代はその部分にもメスを入れるべき時に入ってきています。

実際の家族関係というのは血縁以上に、愛着を生じるような接触が一番重要です。人間の場合は、共感を生む言葉のやりとりが一番大きい要素といえるでしょう。言語を持たない他の動物ではグルーミングなどの形で実現されますが、人間の場合は言葉を使います。

言葉を使ったグルーミングというのは非常に強力で、一対一の関係の中で使われるのはもちろん、一対多数でも使うことができます。マスメディアもそう。

今の時代ならSNSで誰でもできる。本だってその一種かもしれません。

一対多数のときにグルーミングのうまい人間がどう機能するか。これがなかなか怖いものがあります。それが権力抗争の中でも利用されてきたというのが長らく人間の歴史の一側面でありました。

昨今ポピュリズムが台頭してきている流れは、これを使いこなせる人がうまくSNSを使って発信するからではないでしょうか。政策がおかしくても、大衆の心を上手にグルーミングできるような人が多くの国民の共感と支持を集めてしまったりする。

国連の報告では依然として勢力を保っているといわれているISもまさにそうです。ISはSNSを使って世界中に動画を配信しています。TwitterやFacebook、YouTubeなどをフルに活用してISの活動に参加を呼び掛けます。

各国で居場所を失った若者たちがなぜテロ組織であるISの戦闘員になるのかといったら、疑似家族だからではないでしょうか。ここに居場所があるかもしれないと、他国から国境を越えてＩＳに加わるのです。戦闘員の妻になる女性たちも多くいます。子どもを産まされると分かっているけれどもむしろそれすらも絆を強める手続きとなり、新しい家族ができたと思えてしまう。自分の、本来それまでいた家族の中に居場所がないと思っているのでしょう。

ＩＳという組織が、居場所を求めてさまよっている若者を取り込む、ある種精神的なセキュアベースのようなものになっていて、仮にイスラム国がなくなったとしても、また新しい構造を誰かがつくったとしたら、あっという間に大きくなるだろうということは容易に予測がつきます。

昔のオウム真理教信者もそうだったのかもしれません。精神的に居場所のなかった人たちが、こうした国家の枠組みとか社会通念から外れた組織の中で自分の居場所を見つけてしまって、それにコミットしていく。この構造は将来的にも繰り返されるし生成されていくでしょう。

言葉を使ったグルーミングが巧い人間は、その能力を利用して自分があがめられる組織を形成し人を集めてコントロールしていくのです。

人類が繁栄できた理由

人間という種の特徴を列挙してみましょう。

脳が異常に大きく、前頭葉が発達している。二足歩行をする。体毛が少ない。そして、ネオテニー（生物学用語で子どもの期間が長く、子どもの特徴を残したままゆっくりと性成熟すること）であるということを挙げる人もいます。つまり、人間とは成熟するのに非常に長い時間がかかるという種なのです。

これは何を意味するかというと、第2章でも書きましたが、子が親の助けなしに生き延びることが難しいということです。

すべての動物は親から生まれますが、その増え方は様々。

爬虫類や魚類は、卵を産んだら産みっぱなしです。中には産みっぱなしではなくて口の中に卵を抱えておいて、ハッチアウト（魚の卵が孵化すること）するまでは守る種もいます。でも、ハッチアウトして子どもになってしまえばほとんどの場合、面倒は見ません。なので、親が子どものそばにいる期間というのは極めて短いのが常です。

魚類の例を挙げましたけれども、細胞分裂で増える種もいますし、子世代に親世代が関与するということがあまり行われない種のほうが大半を占めていますす。けれどそれらの生き物は、生まれながらに環境に適応し、食料を確保し、外敵から身を守り、子孫を増やす知恵を身につけています。進化の過程においてそれらの知恵を持っていたからこそ、生き延びてこられたのです。

人間は、それと比較するととても脆弱な存在です。皮膚は薄く、体毛も少ないので、物理的な攻撃に弱い。ちょっとひっかいただけでも体液がもれてしまう。

日ごろから鍛えている人でも、どんなに総合格闘技ができたとしても、トラやクマなどの猛獣と戦って勝てる人というのはめったにいません。もし戦って勝ったらニュースになるレベルです。直立二足歩行ですから、逃げ足も非常に遅い。道具をたくさん使える代わりに、われわれは逃げ足を失ったわけです。サルは驚くほど速く走りますし、木の枝を跳んで逃げることができる。けれども、人間はそういうことができません。逃げ足も遅いし、格闘も弱い、外骨格も持たないという脆弱な、弱い種です。それなのに、ご存じのとおり80億に迫ろうという個体数が存在し、地球上で最も繁栄している哺乳類であるのです。

どうして脆弱な体を持っている人間がこんなに繁栄することができたのでしょうか。

人間が極めて脆弱な体を持っていて、繁栄するためには武器が必要でした。現在の人間にとっての武器は、強靭なシェルターとしての建物であったり、他の生物は作ることができない、相手を攻撃する兵器といえるでしょう。けれど、狩猟採集を主としていた時代には建物を建築することも、兵器を製造することもできませんので、それは副産物として考えるべきです。本当に必要だった武器は、人間の脳を持っていないとなしえない共同体を作る能力です。

「自己犠牲を尊ぶ」という武器

共同体ができ、社会的な関係性が生まれたことでどんなメリットがあったのでしょうか。

集団をつくると、囮《おとり》を犠牲にして自分を守るということができるのです。何を優先して守らなければいけないか？　子どもたちです。種の存続のために次世代を優先する必要があるからです。その過程で、囮が必要になったのです。犠牲になる個体というのは決められて、外敵に供されます。その名残が生け贄というものなのかもしれません。そういう形で一人の犠牲によって大多数を守るということをして生き延びて繁栄してきたのが人間だろうと考えられるのです。

その過程で、犠牲になる人を尊ぶ機能を、私たちは同時に進化させていきます。自己犠牲は社会行動において重要な要素であり、自ら集団のために身をさげる人を美しいと感じる。一つの宗教の形の起源かもしれません。そういった倫理観をつかさどる機能というのも、人間には備え付けられています。脳の一部にその領域があります。

ここに、面白いことに、自己犠牲的に振る舞ったり、その共同体のために何かをするということを美しいこと、尊いこととして判定するようにプログラムされています。それと同時に真逆のこと、たとえば利己的に振る舞う行為や、自分だけが得をするようにみんなから少しずつ搾取する行為を、汚いこと、悪いこと、良くない、後ろめたいことであると判定します。面白いことに、悪いことだと判定されると、脳の中にストレスホルモンが分泌されて、その値が上がるということもわかっています。

同種の個体を殺害する行為に対して多くの場合は、心に後ろめたさを感じて、自分は良くないことをしたと罪悪感を抱く反応が自然に起きます。まれにそういう反応が起きない人もいますが、それについては既に言及した拙著をご一読いただけたらと思います。

こういった人間の機能——自分の行動を自分で良い悪いと判定する機能は、脳の機能です。しかし日常生活においてそれをいちいち意識することはないでしょう。それが、生理的な器質、基盤を持った形で人間に備え付けられているというのが面白いところです。

この自己犠牲の行動、つまり、共同体のために何かさせようとするこの機能こそが人間繁栄のための武器だったのです。前頭葉、そして、共同体を形成するための社会性こそが武器といってもいいだろうと思います。この部分が成熟するまで、人間は子どもの面倒を見るわけです。実際にはこの部分が成熟するのには長い時間がかかります。成年年齢が２０２２年4月から18歳に引き下げられますが、脳が成熟するには30歳ぐらいまでかかります。

かつて男の子は、15歳ぐらいで元服という儀式が行われました。女の子の場合は、生殖機能が成熟してくる12、13歳で嫁に出されたりもしていました。言い方を変えれば、最短でもそれぐらいまでは親は子どもの面倒を見なければならない義務を負わされるのです。これは、他の生物と比較した場合、かなり長い時間です。イヌやネコなら寿命がきてしまうほどの年月です。生まれた子どもが子どもを産めるようになるのにこれほど時間がかかる。それが人間なのです。

健全な社会生活を営むために必要な「社会脳」

前頭前野に社会脳と呼ばれるサーキットがあります。簡単に言えば社会でうまくやっていくための脳。人に対して共感を持つとか、良心を持つとか、仲間を作り、その中でいかにうまくつきあっていくとか、そういった機能です。ヒトを含む霊長類の脳が大きいのは社会的能力を満たすためでもあります。

社会脳の機能が低いと、人の気持ちがわからない。相手が今こういう気持ちでいるから、こういうことを言ってはいけない、嫌な思いをする人がいるかもしれないから、こういうことは言わないでおこう、そういう判断がうまくできない。

また普通の人は言われなくても、ゴミのポイ捨てはしてはいけないという一般常識や、人を殺してはいけないというごくあたりまえのことを、すんなりと理解できるものですが、良心の脳がうまく働いていない人たちは、それらを意識的な学習によって覚えます。

普通の人は、「人を裏切ったり危害を加えたりしたら嫌な気持ちがするな」

など、社会通念としてやってはいけないことに対して、自然に学び、嫌悪感を抱く機能が備わっています。備わっていない人は、わざわざ意識的に学習しないと理解できず、共感もできない。

たとえば見知らぬ人がいきなり目の前に現れ、あなたの使っているバッグを見て「これはすてきなバッグですね、もらっていいですか？」と言ったら、普通は「この人何を言ってるんだろう」と思いますよね。「あなたの旦那さんはすてきですね、私と結婚させてください」なども同様で、明言せずに人の夫や妻だからこそ奪おうとする人がいます。

このように社会脳の機能が低い人には「他人にいきなり物をくださいと言ったら嫌がられる」ということがわからない。

阿闍世コンプレックス

毒親問題を考えるとき、これが人類からなくなる日が来るのかどうかを思うと、やや暗澹《あんたん》たる気持ちになります。

『阿闍世《あじゃせ》コンプレックス』という概念があります。阿闍世とはサンスクリット語で「アジャータシャトル」といい、ある国の王子の名前です。これは、「未生怨」と訳され、つまり出生以前に親に抱く怨みというような意味になります。阿闍世の物語は、紀元前5世紀ぐらい……2500年前の古代インドの話です。

マガダ国の王ビンビサーラ（頻婆娑羅）とヴァイデーヒー（韋提希）妃の間には子どもがいませんでした。二人は占いに頼り「3年後にある仙人が死に、その生まれ変わりが宿ります」という占いの言葉を信じて、3年を待たずに子が欲しいと望むあまり、仙人を殺してしまいます。死の間際、仙人は「私が死んだら、お主の身体に入って生まれ変わるぞ」と言い残して、こと切れました。

その後、阿闍世が生まれます。しかし、王と妃は仙人の言葉に苦しめられます。いつか息子が自分を殺すのではないか。その恐怖におののき、阿闍世を幽閉し、残酷な仕打ちを重ねました。

青年になった阿闍世はデーヴァダッタ（提婆達多）から秘密を聞いてしまう。

阿闍世は怒り、父王と母である妃を幽閉し、父王を餓死させてしまいます。このとき、母の殺害こそ思いとどまりましたが、その直後、阿闍世は重い病にかかってしまいます。そして死に瀕した阿闍世を献身的に看病したのもまた、母だったのです。母である王妃によって傷つけられ、またその母の手によって救われた、阿闍世。逸話はハッピーエンドで終わっていますが、このエピソードが内包する課題は根の深いものです。

母親が子を産むときに恐れを持つ。子はそれに対する怨みを持つ。母親と子の精神的葛藤が子の人格形成上大きな影響を及ぼす。この連鎖が、「毒親育ち」の連鎖といえるでしょう。

第三者の占いの言葉に惑わされて人を殺し、またその殺した相手の言葉に恐れをなして、生まれてきた子どもを幽閉する。ずいぶん気まぐれで身勝手な国王と王妃です。

嫌なことを書きますが、本当に子どもが欲しくて子どもを産む人というのは、一体どのくらいの割合でいるものなのでしょうか。夫や恋人の気持ちをつなぎ止めておくために妊娠を望む人もいるでしょう。あるいは義理の親に「役立たず」だと罵倒されたから、見返すために産みたい、という一心で子を産むことを企図した人もいるでしょう。生まれる前に子の人格を想定することは難しいですから、目の前にある関係にひきずられて、そう思うのを責められるものでもありません。

ただそうした状況を、子も知ってしまうことがあります。子である私が望んだわけでもないのに、どうしてあなたは私のことを産んだのか、と、自分の人格をないがしろにされたような気持ちになってしまう。これが広義の阿闍世コンプレックスでしょう。まあそんなことを言いだしたら、世の中の親はほとんどが毒親だということになるわけですが。

この問題が根深く厄介なのは、突き詰めていくと、親に対して抱くどうしてもっと優しくしてくれなかったんだろうという恨みつらみ以上に「なぜ自分は生きているの?」という問題に突き当たってしまうからです。

毒親という言葉の重さの本質はここにあるのかもしれません。自分は望んで生を享《う》けた覚えはない。気が付いたときには、もうゲームが始まっていて、途中でリセットすることが原則として許されない。

しかも、持っているカードは最初から決められていて、自分では選べないのです。生まれる階層も、親を選ぶこともできず、経済状態も、健康状態も、生まれつきの才能も、性別も、容姿も、全てのカードがもう決まっていて、自分の意思では選べない。もちろん、その人の頑張りとか努力次第で替えられるカードもないわけではない。けれど、替えられるカードは限られている。

この、望んだ覚えがないのにいつのまにかこの世にいて、思いのままにならない生を生き抜かなければならないという不条理。これを、古代インドでは四苦の筆頭に挙げています（生・老・病・死のうちの、生）。現代の私たちは、もしかしたらこの苦しみを親に背負ってもらうことで、解決しようともがいているのかもしれません。

経済合理性と共感性とは

オキシトシンは認知力を高めるのか、それとも下げるのかという議論がありま す。認知力というのはつまり知能のことです。

こんな実験があります。子どもを産んだことのあるラットと、出産未経験のラットを迷路に放し、餌を探させます。この実験を繰り返した結果、オキシトシンの高いラットたち、つまり出産を経験した母ラットの方が餌を効率よく探せるということがわかりました。出産経験のあるラットは子どもに餌を与えないといけない。そして自分も子どものために乳を与えないといけないので餌を摂取する必要があり、本能的に餌のある場所を記憶する力が高まるのです。まさに「母は強し」的な行動だったのかもしれませんが、反対に理性的な判断をやや抑えてしまうという特徴がある可能性があるとわかりました。経済合理性よりも共感性を優先してしまうという特徴があるのです。

経済合理性や共感性というとちょっと硬い単語ですが、たとえばこういうことです。

取引先の営業があなたの会社にやってきて、何かを提案する。冷静に損得（これを経済合理性といいます）で考えると「いやいや、それじゃあうちの社が明らかに損するのでは？」という判断になるところを「そこをなんとか」「長い付き合いじゃないですか」「今、うちの会社も大変で……」などと情で訴えられると、「うちも損しますけど、あなたの頼みなら、今回だけは……」と、聞いてしまう。「そこをなんとか」という願いを聞きいれる人は、共感性が高い人です。

「そこをなんとか」という共感性に訴えるため、昭和のおじさまたちは一生懸命飲み会をしたり、社員旅行に行ったり、取引先の人を一生懸命ゴルフで接待したりしてきたのでしょう。つまり、冷静な判断をくつがえすような情のはたらきが共感性というわけです。母たちは、この性質を強くもつとデータから推測できるのですが、これが悪くすると子を冷静に見られなくなったり、束縛したり、時には愛が行きすぎて攻撃してしまったりするのです。

第4章

親には解決できない「毒親」問題

毒親育ちは毒親になってしまうのか

お前はダメだ、いらない人間だ、というメッセージを受け続けると、人は次第に自分を肯定できなくなっていきます。大人ですらそうなのですから、自分で自分を愛したり、正当に評価したりする力がまだ育っていない子どもでは、なおさらです。

そうして育ってきた人たちが苦しんでしまうのは、一般的にいう「心の持ちよう」などのせいではなく、実際に脳にダメージを負ってしまっているからでもあります。記憶をとらえなおし、気持ちを明るく持てばそれだけで解消されるような簡単な話ではないのです。

もちろん、毒親育ちだからと言って、それがずっとこの先のあなたの人生に影を落としてしまうようなことになるとは限りません。私がパンドラの箱を開けるような気持ちで、と冒頭に書いた裏にはいくつもの気持ちが混在しています。その中の一つに、「毒親」という言葉に引きずられて、いま現在の自分の心の重さや生きづらさを、親をバッシングすることで解消しようとするような心の動きを、読者に誘導してしまうのではないかという危惧がありました。また、親を責めることが一時の頓服薬《とんぷくやく》として効いてしまって、向き合うべき本質的な課題を回避してしまう、という行動を後押ししてしまうのではないか、と悩みました。そうして心の傷を放置したままでは、逆にいつまでも毒親育ちであることから抜け出すことが難しくなってしまうからです。どうか、毒親育ちの人にも、前向きに解決できる可能性がある、ということを知ってほしいと思っています。

とはいえ、「親に不満をぶつけても意味がない」「親を責めることは解決にならない」等と安直に言ってしまうのもやはり憚《はばか》られます。実際に苦しい思いをして来たという歴史そのものはそう軽々にあしらって良いようなものではなく、言われた当人は抱えている苦しさをどうしていいのか、やり場がなくなってしまうだろうからです。

毒親を擁護しているわけではなくとも、子であった自分の気持ちよりも親の立場を優先する言説を唱える人なのだな、と思われてしまえばその時点で信頼関係は失われてしまいかねません。どうしても感情は先に立ち、不快な記憶が理性の前に呼び起こされてしまうでしょうから、それには十分配慮する必要があります。

ただそれでも、本質的な解決のためには書いておかなくてはならないことがあります。もちろん単純な毒親論を展開することもできるのですが、それは多くの毒親育ちを却って惑わせてしまうものになると私は考えています。毒親育ちである自分を解放できるのは、親ではなく、自分自身であるということを私は言いたいのです。

家族はやっぱり素晴らしいだとか無条件で温かいものだとか言うつもりはさらさらありません。家族関係、特に血族関係は、相手を自由に選ぶこともできず、一度選ばされてしまったらリセットすることも難しく、しかも決して相性が良いとは限らないその相手とほぼ一生、何らかの形で付き合い続けなければならないという閉塞感のある人間関係です。これを何とかやり過ごすのが大人の知恵というものですが、残念ながら人間は最初から大人ではないのです。人間の子どもは、立場も体力も知能も一人で生きていくには不十分な程度しかもっていません。そんな存在がこの閉塞的な環境に適応できるかどうかという問題を考えるとき、かなりの高確率で、不適が起こるだろうと考えることはそうおかしな話ではないでしょう。

そして実際にかなりの高確率で、不適が起こる、つまり、毒親育ちの子どもたちが生じているのです。

ハリー・ハーロウのモンスターマザー

「はじめに」でも言及したアメリカの心理学者、ハリー・ハーロウによる、アカゲザルの赤ちゃんを使った実験について、ここで紹介していきましょう。彼の行った一連の研究により、毒親に育てられた場合にどんなことが起こるのか、動物実験で確かめられているのです。

あまりに残酷で、現在では動物愛護の観点からとても許されないであろうものもあります。しかし、親子関係によって子どもがどんな影響を受けてしまうのか、科学的に解き明かすことによって多くの子どもが救われる、とハーロウは信じていました。

最も有名なのは、「針金の母」と「布の母」の実験でしょう。

この実験では、サルの赤ちゃんを母親から引き離し、2種類の人工の母親を与えます。一方は、針金でできた針金の母、もう一方は、スポンジと柔らかい布でできた布の母です。

そのうえで、針金の母のほうにだけ哺乳瓶を取りつけます。赤ちゃんがなつくのはいったいどちらなのか？　ミルクを与えてくれる針金の母なのか？　それとも柔らかい布の母なのか？

結果は、赤ちゃんは針金の母からミルクを飲みはするけれども、それ以外の時間はずっと布の母に抱きついていたのでした。

この研究により、赤ちゃんはミルクだけでなく、柔らかい感触を求めているのだということがわかりました。

さらにハーロウは、布の母なしの実験を行いました。針金の母だけで赤ちゃんを育てると、いったい赤ちゃんはどうなるのでしょうか。

なんと、針金の母だけで育てられた赤ちゃんは、精神を病んでしまったのです。いつも体を小刻みに揺さぶり、自分の毛を抜いたり、指を強く噛んだり、自傷とも取れる行為を繰り返すようになりました。

彼は比較のために布の母だけを与える実験も行いました。布の母で育った赤ちゃんは、針金の母だけで育った赤ちゃんよりはマシだったのですが、刺激に対して無関心になり、無気力で、動き回ることもなく、ケージの隅に座り込んでいるようになったのです。

そして、いずれの場合でも、大人になる前に多くの子ザルが死んでしまいました。

当時のアメリカでは、感染症を予防する必要があるという観点から、母親が育児の際、母乳を与える以外の接触をすることが否定的に捉えられていました。抗生物質も、ワクチンもなく、感染症を大きな原因として乳幼児死亡率が高かった時代ですから、仕方のない側面もあります。

しかし、母が子どもに対して自然な接触をしないという風潮に、ハーロウは疑問を持ったのです。彼は、実験的に、母が与えるものはミルクだけではない、ということを証明したのでした。また、柔らかい感触だけでも十分ではなく、母が自ら抱きしめたり、撫でてあげたりするなど、積極的に働きかける行為が必要なのだということも明らかにしたのです。

次に、ハーロウは「モンスターマザー」の実験を行いました。モンスターマザーは、布の母に、赤ちゃんが近づいてくると突然激しく振動したり、バネ板で弾き返したり、圧縮空気を噴出したり、一定時間がくると針が飛び出して赤ちゃんを刺したりする仕掛けを付け加えたものです。

こうして製作されたモンスターマザーを赤ちゃんに与えると、いったいどうなったでしょうか。

赤ちゃんは、どんな目に遭わされても何度も繰り返し、このモンスターマザーに抱き着こうとして、近寄っていくことをやめなかったのです。

この結果を見るとき、どんなにひどい目に遭わされても、お母さんに愛されたいと、ちぎれそうな思いで愛情を求める子の姿が二重写しになり、いたたまれない気持ちになります。

ハーロウはさらに実験を続けます。このようにして、親から適切な愛情を注いでもらえなかった子は、大人になったときいったいどうなってしまうのか、自分の子に対してどのようにふるまうのか、を調べようとしたのです。

そして、これこそ本当に残酷な実験ですが、彼は「レイプマシン」を製作しました。レイプマシンとは、雌の体を固定し、雄に交尾させて受胎をさせるための装置です。前述の実験で育ったサルのほとんどは、社会性を持たず、雌は雄と交尾することすらできなかったからです。

ハーロウの実験はあまりに残酷で、当時実際に、実験動物に対する扱いについて大きく非難されました。これがきっかけとなって、アメリカでは動物愛護運動が生まれたということです。ハーロウ自身に対しても、かなりの批判が集まってしまいました。

さて、こうして無理やりという形で生まれた赤ちゃんザルに対して、母ザルはどう振る舞ったでしょうか。

この実験では、母ザルは授乳をしないばかりか、赤ちゃんザルを踏みつけたり、頭を噛み潰したりしたといいます。ただ、これはレイプによって生まれた子だからそのように扱った、というのではなく、母ザルがそもそも適切な愛情を受けて養育されておらず、社会性を身に着ける機会に恵まれなかったため、子を上手に育てることができなかったのではないか、と解釈されています。

この母ザルの姿にはどこか、望まずして毒親になってしまった人々をみるかのような痛ましさを感じます。

ただ、ここにはまだ疑問点が残ります。これは、愛を受けて育った経験を持たないために、子に対してもどう扱っていいかわからず、そうしてしまったということなのでしょうか。それとももっと別の理由があるのでしょうか。

単に、愛情を「学習」する機会がなかったためなのか、それとも、愛を受けなかったことによって、何らかの「生理的な脳の変化」が生じたために、子に対してこうした振る舞いをしてしまったということなのか、という問題です。

毒親が傷つけるもの

人間の脳は、大きさとしては10歳頃までに大人の脳とほぼ同じくらいにまで成長します。しかし、神経回路という階層で見ると、20代後半頃までじっくりと時間をかけて成熟していくのです。外界からの刺激を取り込み、学習を繰り返して、環境に適応したシステムを作ろうとするのです。

実は、成熟した後の脳でも、大きなストレスがかかると海馬が萎縮したりするなど、脳は物理的に傷を負います。成長をしている途中の段階ではなおさら、その影響は大きくなってしまいます。子ども時代に虐待などによる大きなストレスがかかり続けると、あたかも交通事故に遭って脳を損傷したかのような傷ができてしまうほどだと表現する人もいます。

毒親によって傷つけられてしまうのは、目に見えない絆だけではなかったのです。実際に、脳も傷ついてしまっていることが、現在では明らかになってきたのです。そして、できてしまった脳の傷は、学習意欲の低下やうつ病等の原因になることがあります。

脳内で傷を受けてしまう場所としてわかっている具体的な領域は、幾つかありますが、そのうちでも線条体《せんじょうたい》と呼ばれる脳の領域に与える影響は重要なものです。この部分の働きが弱くなると、やる気や意欲など、前向きな気持ちがなくなっていってしまいます。

私たちは、何か行動を起こすとき、線条体の働きに大きく頼っています。この部分が活性化することで、その行動に対する報酬が脳内で得られるわけです。その働きが弱くなってしまうということは、何をしても喜びや快楽を感じられなくなり、やる気や意欲をもつことができなくなってしまうということです。

例えば、様々なことに無気力になる、他人に対して無関心になる、相手を信じられず疑り深くなる、イライラしやすくなるなど、心当たりはないでしょうか。また、他人との安定した関係が築けなくなるということも起こってきます。場合によっては多動になる、友だちとのトラブルが増えてケンカが絶えなくなるなど、コミュニケーションに問題が起こることもあります。

また、線条体の活動が弱いと、ちょっとしたことでは快楽を得られなくなるため、強い刺激を求めるようになります。つまり、依存症を起こしやすくなるということです。

親からの愛情に恵まれずに育った人が、早いうちからアルコールに依存するようになったり、セックスに依存するようになったりするのはこのためです。また、性的なパートナーとの関係がうまくいかず、恋人に病的な執着をするような依存的な態度をとったりしてしまうのは、このことが原因である可能性があります。

子どもの脳を萎縮させる「暴力」

また、明らかな虐待ではなくとも、子どもの脳が傷ついてしまう場合があります。今はそう表立って行われるものではなくなってきているでしょうが、しつけとしての体罰、また、夫婦ゲンカがそれです。

２００９年にアメリカで行われた研究で、体罰が脳の前頭葉を萎縮させることが明らかになりました。18〜25歳の若者１４５５人に聞き取り調査を行い、

3年以上にわたって体罰を受けていた23人と、体罰の経験のない22人の脳をMRIで撮影して、その脳画像を比較しています。

注意すべきなのは、この研究では虐待にカテゴライズされるような暴力や、子どもの体に傷が残ってしまうような体罰は除かれているという点です。これはあくまでも、しつけのためにされた体罰について調べられました。

調査の結果、体罰を受けていたグループでは、前頭葉の中前頭回や前帯状皮質と呼ばれる部分の容積が、平均14~19%減少していたことがわかりました。

それでは、体罰ではなく、心理的にダメージを与えるような関わりではどうでしょうか。こちらも、同様の悪影響がもたらされるようです。例えば、2012年に発表された論文によると、子ども時代にDVを見た経験のある子どもたちでは、視覚野の容積が、平均6%程度減少していることが明らかになったのです。

また、1998年から2005年にかけてアメリカで行われた、2461人の子どもを調査した研究では、子どもが3歳の時に月2回以上体罰を行っていると、１・49倍、子どもが５歳になった時の攻撃性が高まることがわかりました。

また、２００６年のアメリカの研究では、しつけとして体罰を受けている子どもは、実際に暴力行為を行いやすいことがわかりました。10〜15歳の子どもとその親１３４組に調査を行ったところ、親から体罰を受けていた子どもは、そうでない子どもに比べて、コミュニケーションに暴力を使うことを容認する傾向が高かったのです。

また、親がケンカしているのは６カ月未満の乳児でもわかるという説もあります。赤ちゃんの24時間蓄尿検査を実施すれば、親の夫婦ゲンカの程度を推定できるというのです。もちろん言語を理解することはできませんから、その内容までは赤ちゃんにはわからないでしょう。しかし、なにかがおかしいことには気づくということです。

また、感情的に不安定な家庭で育てられている赤ちゃんは、新たな刺激に対して好奇心をあらわにするような積極的な反応を示さなくなったり、自分自身の気持ちを落ち着けられなくなったり、ストレスを感じたあとに立ちなおるのが苦手になったりします。これは、感情をコントロールすることが苦手になるために起こる症状です。

さらに、ストレスホルモンは骨の形成も妨げます。子どもが4歳の時点で、そのストレスホルモンの量は、感情的に安定した家庭で育てられた子どもの2倍近くに達する場合もあるといいますから、気を付けなければなりません。

そうした子どもは不安障害やうつ病に苦しむリスクがきわめて高くなりもします。ストレスホルモンによって免疫系の正常な働きも妨げられ、感染症にかかるリスクも高まるでしょう。

とはいえ、子どもの前でケンカを一切しないでいる、というのも難しい話かもしれません。研究によれば、子どもの目の前で夫婦ゲンカをすることそのものよりも、夫婦が仲直りをするシーンを見せないでいることのほうが、子どもに大きいダメージを与えることがわかりました。

仲直りを子どもの前でする、という発想はなかなか浮かぶものではないかもしれませんが、親同士の傷ついた関係は修復できるのだ、という安心感を子どもに与えてあげられるのは、やはり親自身なのではないでしょうか。

愛情遮断症候群の世代間伝達

愛情を受けられなかった子どもたちに対する調査を初めて行ったのは、イギリスの精神科医であったジョン・ボウルビィです。これは、第二次世界大戦後、イタリアの育児院の子どもたちに、体重が増えない、言葉がしゃべれない、語彙数が増えないなどの発達の遅れが見られ、罹病率、死亡率も高かったことから、ＷＨＯがボウルビィに依頼した調査でした。

ボウルビィは一つの仮説を立てます。

施設の環境、人員の配置、衛生状態などが原因で子どもたちが育たないのではなく、母親（または主たる養育者）から引き離され、見知らぬ環境に適応できないことによるショックによって、こうした症状が引き起こされると考えたのです。そして、これらの症状のことを、愛情遮断症候群と呼びます。

ただ、愛情遮断症候群という名前がついてはいますが、確定診断できるような検査項目は実在しません。これは子の発達の遅れの度合いや、身体的な状態を調べ、さらに養育環境にかかわっていた人たちからの聞き取りや、複数の人からの情報を適切に総合的に処理して決められるものです。

育児院では、その子どもにつきっきりで養育を担当する大人がいるわけではありません。後年、イスラエルのキブツ(集団生活をし、従来は農業を産業の基本としてきたややクローズドな共同体)でも、症状はやや異なるとはいえ似たようなケースが生じることが指摘されているのですが、子どもたちは特定の養育者でなく、不特定の複数の大人によって世話を受けると、自分が愛情を示すべき相手が定まらなくなり、やがて感情や情緒の表現をしなくなってしまうというのです。また、こうして育った子どもたちは、大人になってからも誰とも親密な関係を作らず、関係を築こうと近寄ってくる人に対して回避的に振舞います。

また、これはネグレクトや、特定の養育者の心の病が原因でも起こり得ます。

望まない妊娠、若すぎる年齢での妊娠、貧困、選択的でないシングルマザー、祖父母を含めたほかの養育協力者の不在、養育者が薬物中毒であることによっても起こります。これらのリスクファクターは、世代を超えて連鎖していくことがあり、これを世代間伝達といいます。

しばらく前に話題になった社会学的な調査に、子の学力と家庭の経済的環境には相関があることを示したものがあります。経済的に恵まれた家庭の子はより学力が高く、おそらく成人してからの社会経済的地位も比較的高くなることが予想され、階層が固定されていくのではないかという懸念から多くの人の関心を呼んだ調査でした。

この調査は経済的環境についてでしたが、心理的環境についても同様のことが言える可能性がある、というのが、愛情遮断症候群の世代間伝達の問題です。つまり、親からの健全な愛情に恵まれて育った人は、成人してからも愛情を子に注ぐ能力が自然に身につくが、そうでない人は子どもに対して適切な振る舞いができないのではないかというのです。

これは、毒親の下で育ってきたサバイバーには一見、かなり受け入れがたい話であるかもしれません。しかし、傷ついている自分自身の傷にまず気づくことこそ、新しい未来への一歩であるともいえるのです。

さて、社会経済的地位が再生産されていくという研究ですが、親の経済状態そのものが子の学力とダイレクトに相関があるというよりも、むしろそのことと相関のある別の要素のほうが子の学力に関係があるのではないかという議論があります。

親が用意する経済的環境の良さの背景にあるものは、いったい何か。もちろん親の経済力の高さが子に学ぶ環境を用意し、それが学力の高さの要因である場合もあるでしょうが、もっと複合的であると考えたほうが良いという考え方です。むしろ、もともと親が努力家であったり、親も学力が高かったりしたのかもしれないというわけです。

そういったものが子の学力と相関があるのだとしたら、経済的な環境というのはそこに介在しているファクターにすぎません。

そして、その指標になる要素は、親の語彙力ではないかと考えられています。語彙力というのは、例えば一つの物事に対して、どんなに豊かな表現ができるかという指標です。

語彙力のない親御さんなら「あいつ、バカだ」とひとことで切り捨てるように言ってしまうところを、「賢い選択とは言えないね」と少し上品な言い方で表現できたりする。また、単に「ラッキーだったんだよ」と言うところを「僥倖《ぎょう》《こう》です」という古風な言い回しで言うことができたり、「あいつ、マジうぜぇよ」などとやや粗野な感じで言ってしまうところを「ああいう態度は、まわりから顰蹙《ひんしゅく》を買ってしまうね」等と控えめに話すことができたりするかどうかです。

子を褒めるときなど、日常のコミュニケーションの中にも、こうした語彙力の違いは如実に表れてきます。「よく頑張ったね」と単調に褒めるばかりでなく、その子の状態や心情にあわせて、適切に言葉を選択して子を讃えたいという気持ちを伝えていくことができるのです。

親自身も経済的に豊かな環境で育ったからこそ、高度の教育を受けられ、高度な教育を受けられれば語彙力が高まり、そうした人が親として子育てをしたその結果、子どもの学力が高まる、という流れはごく自然ですし、説得力があります。

また、親の経済的余裕もさることながら、心理的余裕も重要でしょう。経済的余裕が心理的余裕を生むという要素も、もちろん考慮に入れるべきでしょう。しばしば、経済的余裕がありながらも心理的余裕がなくなる人を見ますが、統計的には経済的余裕ができてくると心理的余裕もできてくるものだと考えて差し支えないでしょう。

語彙力が豊富であっても、心理的余裕のないときには、豊かな表現をすることは難しいものです。とくに、圧倒的弱者である子どもに対しては、あまり気を遣うことなく、ついうっかりと自分の不満をそのままぶつけてしまうこともあるでしょう。

親が子育てをする際の心理的余裕については別の研究もあります。母が危険な目に遭ったりする度合いが低いと、知能を高く育てられるというのです。これは生物学的理由というより、むしろ心理的余裕が要因であると考えられています。

毒親育ちの人が「毒」のふるまいをしてしまう背景には、この心理的余裕のなさが大きく影響しているのではないでしょうか。

この研究結果は、さらに多くのことを示唆しています。それは、心理的余裕をもつことで、毒のスパイラルから自分を救い出すことが可能になるかもしれない、ということです。

また、母親としての年齢が高くなることで、若かったころには処理できなかった不安や不満が処理できるように少しずつ変わっていく、ということは、脳にも長い年月をかけて、自分の傷をいやしていくような変化が起きる可能性を示唆するものです。つまり、傷はいつか治り、癒えていくことを間接的に示しているものです。

それでは、もし脳に傷ができてしまっているとしたら、私たちはいったいどうしたらいいのでしょうか。そのケアのために、何ができるのでしょうか。

自分を知るための「毒親」という指標

親も、毒親になりたくてなっているわけではないのかもしれない、と理性では理解できても、傷が癒えるわけではありません。また、痛みがなくなるわけでもないでしょう。そもそも、自分を傷つけた相手を、親であるからということだけで許せるかどうかといわれれば、かなりの困難があるのではないでしょうか。もちろん外向きには、もう許しています、と言えたとしても、本心からそれを口にするのはかなりの努力が必要でしょう。

毒親、という言葉は、自分の親がそうであったのかなかったのかを判別して、彼らを責めることによって自分の抱えた痛みをいっとき軽くしようとするために使うのではなく、自分の持っている傷がどれほど深く、それを癒していくためには何が必要なのかを知るために使うべきです。

そもそも、何が毒で、何が毒ではなかったのか、はっきりとわかるような行為もありますが、判別するのが難しいようなものもあります。ひとえに、その子と、親との関係性によって決まるものなのです。

言ってしまえばつまり、毒親というのは、そういう親のことそのものを指すというよりも、その子と親との相性の悪さを示す概念であり、相性の悪い親のもとで育ってしまった「毒親育ち」の子どもたちの、現在の状態がどれほどのものかを問う指標として有効だといえるでしょう。毒親、という言葉にもし反応して、自分もこの心の裡《うち》の苦しさを吐露したい、という気持ちになったのなら、その気持ちの強さが、毒親、という指標によって測ることのできる傷の深さです。

親たちをむやみやたらと攻撃するために本書を書いたのではありません。たとえば、親の価値観を押しつけられてきて息苦しかった、ということで自分は毒親育ちですという人の場合、女の子らしくすることを強要されて嫌だった、勉強ばかりさせられたなど、確かに子にとっては苦痛があったかもしれない。けれど、親だって子どもが社会に出たときに困らないようにと考えて、心を鬼にして、子どもをしつけなければという使命感があったでしょう。

子が初めて出会う愛情の対象が親だとするなら、初めて出会う不条理の体現者もまた親なのです。毒親なのかどうかが判然としないようなケースでは、たしかに子側があまり良い印象を持っていない以上、親はいたらない親ではあったのでしょう。しかし、そもそもほとんどの親は、いたらない親なのではないでしょうか。今もし自分も親となって、子を育てていく中で自分の親のようにふるまってしまうことに苦しさを感じている人がいたとしたら、自分の傷の深さを見つめ、それを癒すところから始めてみてほしいと思います。

自分を育てなおす——毒親育ちの宿命から解放されるには

自分の傷の深さを見つめてそれを癒すといっても、癒された経験の少ない人には、どうしていいのかまるでわからないものかもしれません。傷ついて育った人は、人を傷つける方法は何通りも学んできているでしょうけれど、人に愛情を注いで癒す方法については学んできていないからです。もちろん、そんな状態では、自分を愛してあげるなんていう芸当は至難の業でしょう。

とはいえ一方で、愛情をちゃんと注いでほしかった、という気持ちはずっと抱えてもいます。自分を一人の子どもとしてちゃんと愛して、育て直してほしかった、と、心の奥底で信頼できる人を探しているのです。

時にはその役割を、恋人やパートナーに求めてしまうこともあるでしょう。自然な恋愛感情以上の何かを相手に求めてしまい、それが得られないと世界全体から拒絶されたような絶望感を味わってしまう、という人は、相手を対等なパートナーとしてではなく、かつて子ども時代に自分を愛してくれるはずだった人の代わり、と無意識にとらえている可能性があります。

どんなときも、24時間３６５日、自分を見つめて、愛して、可愛がってほしい――この要求は、恋人やパートナーにするものではなく、本来は親に対して向けられる要求だったはずのものです。しかしながら、それは満たされることがなかったために、恋人やパートナーをその代理として、自分自身を育てなおそうとする。これが、いわゆる「重い女」や、「束縛する男」の一側面なのだろうと思います。傷ついた子どもを心の中に住まわせている人にとって、恋人は対等な恋人ではなく、自分を愛してくれるはずだった〝ママ〟の代わりなのです。

しかし、大人としての社会生活のある恋人やパートナーに、24時間365日自分だけを見ていてほしい、と要求するのは、かなり酷な話です。時には相手の犠牲を愛の証として要求するような人もいます。傷があまりにも深く、だれかを信用したいのにできないからこそ、そういった要求をするのでしょうが、その要求を永遠にかなえ続けることは現実的には無理な話で、早晩この関係は破綻してしまいます。そして、また傷を深くしてしまうのです。

傷を癒そうとして誰かを探すのに、却って自分の傷をえぐるようなことをしてしまう。その繰り返しの中で、自分はもはや救われないのだと思う人もいるかもしれません。

しかし、冷静に考えてみてほしいと思います。子どもを24時間365日、見ていられるのはそれが期間限定であることがあらかじめわかっているからではないでしょうか。しかも、その子育て期間ですら、実際には24時間365日ずっと、子どものことを見ていられるわけでもなく、思うようにならないものです。

それなのに、恋人やパートナーに対して、いつ終わるかもしれない24時間365日をずっと続けられるでしょうか？　さすがに無理があるとは思いませんか。

たしかに、傷を受けた心を癒すためには、親の代わりに、誰か信頼できる大人と一対一の関係を築き直し、愛着を結ぶ関係を作る「育て直し」が必要なことがあります。

もし、恋人やパートナー、もしくは友人に信頼できそうな相手を見つけることができたなら、その人の「愛し方」をよく観察してみてください。

自分本位の愛情で相手を振り回してしまう人なのか。

気が向いた時だけ愛して、後は邪魔者扱いするような身勝手な人なのか。

それとも、静かな愛情で、いつも、何がどうあろうとパートナーの人格を認め、大切に扱おうとしてくれる人なのか。

もし、この三番目に該当するような人がいたとしたら、その人があなたの運命の人です。運命の人、というのは、結婚する相手、ということではなくて、あなたの人生を変えてくれる人、という意味です。

そして、この人に頼りきりになるのではなく、この人が自分に向けてくれる淡々とした深い愛情のあり方を、ぜひ、自分でも体得していってほしいのです。

この人が向けるような静かな愛情を、自分でも自分に向けてみるのです。どんな失敗をしても、どんな姿であっても、あなたはあなたであり、僕/私の大切な人です、というメッセージを、自分に発してあげてみてほしいのです。

もしうまくできたら、それが自然にできるようになるまで、毎日、花に水をやるように、最初は意識的にでも、繰り返してあげてほしいと思います。

もしも、そういう相手に日常生活の中では出会うことができなかったとしたら、はじめはプロの手を借りるのも方法です。優秀なカウンセラーの先生方は、自分の心の中にいる傷ついた子どもをどう愛したらいいのか、そのやり方を教えるすべを持っているはずです。その力を借りるのは、日常生活で関係のある相手に頼るよりももしかしたら数段スマートで、賢い方法だといえるかもしれません。

前述の愛情遮断症候群の研究には続きがあります。

愛情遮断症候群になってしまった子は、原因となった家庭や養育環境から引き離して隔離し、別の養育者を充ててしばらくすると、症状が軽快していくのです。ストレスの少ない、愛情がたっぷり得られる環境にいることができれば、心身ともに発達の遅れが改善され、すこやかに育つことができるということです。つまり、傷を負ってしまった子どもに対しては、適切な愛情と養育環境を与えることが最も重要な「治療」になるのです。

毒親育ちの子どもたちは、親の期待に沿わない自分を数えきれないほどの回数、繰り返し否定して育ってきています。当然、自尊感情は低く、自分で自分のことを素晴らしいだなどとは到底、思える状態にはないでしょう。

そのために対人関係もなかなか思うようにはいかず、自分のことを認めることもできず、日々、なぜこんな生きづらい生を生きなければならないのかと暗澹たる気持ちになることも少なくはなかったでしょう。

しかし、こうした重荷を抱えながらここまで生き抜いてきたことこそ讃えられるべきことです。信じられないような重さを抱えて、ここまで生き延びてきたことこそ、賞賛にふさわしい事績《じせき》であると、認めてあげてほしいと思います。一生懸命生き抜いてきた事実があるのだから、親からダメという烙印を押されたことがあったにせよ、自分をもっと自分で愛してあげてもいいのだと、どうか捉えなおしてあげてほしいと思います。過去を変えることはできなくても、その解釈と、自分自身の未来は変えられます。

本書が、みなさんが自身への愛情を深め、自分自身の人生を進むための一助になればと願っています。

おわりに

生まれる、という不条理について、気の遠くなるような長い間、ずっと考え続けてきました。暗黙の社会通念や、多くの宗教は私たちに「生まれてくることができた」ことを無条件で寿《ことほ》ぐよう、求めます。そして、それに対して反駁を加えることは、よほどのことがない限りは許されません。

しかし、現実の生は、どうでしょうか。生まれてくることができたことを無条件で喜べるほど、明るく能天気なものでしょうか。

生きることは、苦しみの連続ともいえるものです。もちろん楽しいことも、葛藤を乗り越える喜びも、大切な人との心あたたまるひとときもあります。

けれど、生命を維持するという生物の基本原理に則って考えてみると、痛みを感じたり、つらい記憶を維持したりする能力の方が有用なのです。生き残るために苦しみを感じる能力のほうがより発達してしまうのは仕方のないことでしょう。

つまり、生とは苦しみを感じ続ける能力と引き換えに得られる何らかの価値であるはずのものなのですが、その価値を見出せないとき、私たちは懊悩《おうのう》し、この世に私を存在せしめたのは一体なぜなのかと、運命を呪いたくなるような気持ちにもなるでしょう。

造物主としての神を考える文化圏の人々であれば、神を呪うところかもしれません。

ただ、私たちはそうした文化のもとに生きてはいません。21世紀の日本では、私たちは科学という名の信仰の徒であり、自らの生の由来を母親と父親の行為の帰結であると大多数の人が捉えていることでしょう。

このパラダイムのもとで、苦しみの連続である生の由来をたずねれば、必然的に親を呪うことになる。

頼んでもいないのに、なぜ産んだのか。無条件に愛してくれるわけでもなく、むしろ痛めつける楽しみを得るために、自分をこの世に送り出したのか。苦しみの連続である生を、自分が選び取った記憶もないのに、与えられることになったのはお前たちのエゴのせいなのかと。

パンドラという女性は、神々によって地上に送り込まれた「人類の災い」でした。ギリシャの神々にプロメテウスが抗《あらが》い、天上の火を盗んで人類のものとしたその報いとして、人々に災厄をもたらすために創造され、遣《つか》わされた「世界最初の女性」だったのです。

この物語はとても寓意的です。

なぜ女性が人類に災いをもたらす役割を担わされるのでしょうか？

もちろんミソジニー的な観点から解説を加えることも可能ですが、それではあまりに安直すぎてやや面白みに欠けるでしょう。

プロメテウスの弟であるエピメテウスは、パンドラの美しさに迷い、プロメテウスの制止も聞かず、彼女を妻にしてしまいます。それ以後、「人類は、すべての不幸の原因となる女たちとともに暮らさなければならなくなった」とギリシャ神話では語られています。また、パンドラが災いの甕《かめ》（後世には災いの箱、いわゆるパンドラの箱）を開けて、災いを世界に解き放ってしまったことが人類のあらゆる苦しみの原因となった、という物語が流布しています。

この、「災いの箱」というのは、人間の、生そのものなのではないでしょうか。「災いの箱」としての生を開ける役割を、この物語の中で世界最初の女性が担わされているのは、人間に生を与えることが女性の役割だという無意識の了解事項が、神話の形成に影響を与えていたからではないのでしょうか。

もちろんこれは私の個人的な解釈です。検証のための資料や神話の研究者たちの議論を経ているわけでもありません。ただ、災いの連続であるような生が開始される、その引き金を引くのが女性、という設定は非常に興味深く感じられます。

パンドラの箱を開けて出てくる、あらゆる災い――悲嘆、欠乏、犯罪、また疫病などという災いも――は、人々がその生を全うしようとする中で遭遇するあらゆる災いであると捉えるとき、その災厄の元凶としての存在は、現代社会では神話的存在でも一神教の神でもなく、まして運命という抽象的な概念に対してはその咎《とが》を責めることもできず、親に罪があるのではないか、という考え方がどうしても生起してきてしまうのではないかと思います。

実際、生きていく中で出会う諸々の不都合や、生きづらさの原因を、私たちはしばしば、親の責任にしがちではないでしょうか。

もっと親がこうだったら、もっとこうしてくれていたら、もっとこんな言葉をかけてくれていたら、私はもっと……だったはずなのに。

とはいえ、親はまたその親に、そして親の親はまた彼らの親にという形で、どこまで遡ってもこの延々と続く苦悩の元凶探しは終わることがありません。生きづらさの系譜はどこまで遡っていっても、そこには答えが見つからないのです。そして、この連鎖を止めようとすると、このやり方では、どこをどう変えていったらこの苦しみから自分を解放することが可能になるのか答えが見つからずに、途方に暮れてしまうでしょう。

たしかに、親子の関係が良好でないことによって、多くの不都合は生じます。ただ、そこから立ち直ろうとするとき、親そのものを見つめてしまうことでかえって傷を深くしてしまい、前向きな気持ちをくじかれてしまうことも少なくないのではないかと思います。

パンドラの箱を開けたあと、最後にエルピスが残ります。このエルピスとは、「希望」とも訳されますが、前兆、予兆、期待など、複数のニュアンスの違った訳語があてられています。

あらゆる災厄に遭って、私たちになお残るエルピスとは、それでも目の前に続いている生の道筋のことなのではないか。そんな風に思います。

生きるということは、簡単なことではないと思います。でも、簡単ではないからこその意味が必ずある。そのことを示していくことそのものにも大きな意味があるのかもしれないとも思います。

たくさんの人々が生まれ、その生の意味をかならずしも理解はしないまま、それでも生を全うし、連綿とつないできたのが人類の歴史でした。その歴史の一分《いちぶ》としての生を、どれだけ豊かに受け止めることができるのか、私たちは運命に試されているのかもしれません。

中野信子

中野信子《なかの・のぶこ》

1975年、東京都生まれ。脳科学者、医学博士、認知科学者。東京大学工学部応用化学科卒業。東京大学大学院医学系研究科脳神経医学専攻博士課程修了。2008年から2010年までフランス国立研究所ニューロスピンに博士研究員として勤務。現在、東日本国際大学特任教授、京都芸術大学客員教授。脳や心理学の研究や執筆活動を精力的に行っている。科学の視点から人間社会の問題を分かりやすく読み説く語り口で、テレビのコメンテーターとしても活躍中。『サイコパス』(文春新書)、『キレる!　脳科学から見た「メカニズム」「対処法」「活用術」』(小学館新書)、『正しい恨みの晴らし方』(共著、ポプラ新書)などベストセラー多数。

カバーデザイン　bookwall
撮影　永峰拓也
ヘアメイク　高橋真以子／RITZ
編集協力　百瀬しのぶ
撮影協力　アップルシード・エージェンシー

ポプラ新書
170
毒親
毒親育ちのあなたと毒親になりたくないあなたへ
2020年 3 月25日 第 1 刷発行
2020年 8 月 3 日 第 3 刷
著者
中野信子
発行者
千葉 均
編集
碇 耕一
発行所
株式会社 ポプラ社
〒102-8519 東京都千代田区麹町4-2-6
電話 03-5877-8109(営業) 03-5877-8112(編集)
一般書事業局ホームページ www.webasta.jp
ブックデザイン
鈴木成一デザイン室
印刷・製本
図書印刷株式会社

N.D.C.493/182P/18cm ISBN978-4-591-16278-1

P8201170

生きるとは共に未来を語ること　共に希望を語ること

　昭和二十二年、ポプラ社は、戦後の荒廃した東京の焼け跡を目のあたりにし、次の世代の日本を創るべき子どもたちが、ポプラ（白楊）の樹のように、まっすぐにすくすくと成長することを願って、児童図書専門出版社として創業いたしました。

　創業以来、すでに六十六年の歳月が経ち、何人たりとも予測できない不透明な世界が出現してしまいました。

　この未曾有の混迷と閉塞感におおいつくされた日本の現状を鑑みるにつけ、私どもは出版人としていかなる国家像、いかなる日本人像、そしてグローバル化しボーダレス化した世界的状況の裡で、いかなる人類像を創造しなければならないかという、大命題に応えるべく、強靭な志をもち、共に未来を語り共に希望を語りあえる状況を創ることこそ、私どもに課せられた最大の使命だと考えます。

　ポプラ社は創業の原点にもどり、人々がすこやかにすくすくと、生きる喜びを感じられる世界を実現させることに希いと祈りをこめて、ここにポプラ新書を創刊するものです。


未来への挑戦！

平成二十五年　九月吉日　　株式会社ポプラ社